EN MANOS DE LA GRACIA

MAX LUCADO

GRUPO NELSON
Una división de Thomas Nelson Publishers
Desde 1798

NASHVILLE DALLAS MÉXICO DF. RÍO DE JANEIRO BEIJING

Betania es un sello de Editorial Caribe,
Una división de Thomas Nelson

© 1997 EDITORIAL CARIBE
P.O. Box 141000
Nashville, TN 37214-1000, EE. UU.
E-mail: caribe@editorialcaribe.com

Título del original en inglés:
In the Grip of Grace
© 1996 por *Max Lucado*
Publicado por *Word Publishing*
ISBN: 0-88113-446-5

Traductor: *Miguel A. Mesías*

Impreso en EE. UU.
Printed in U.S.A.
18ª Impresión, 10/2007
www.caribebetania.com

Dedicado a mi editora,
Liz Heaney,
para celebrar diez años de palabras y maravillas.

Contenido

Reconocimientos

Unas palabras de agradecimiento a:

Karen Hill: Mi asistente y amiga, eres un regalo.

Steve y Cheryl Green y el personal de UpWords: Gracias por ser fieles.

Charles Prince: Nuestro estadista y erudito permanente. Apreciamos sus opiniones.

Charles Swindoll: Sus palabras colocadas en la intersección me mantuvieron en el sendero más alto.

Los ancianos, el personal y miembros de la Oak Hill Church of Christ: En ninguna otra iglesia preferiría servir.

Steve Halliday: Gracias por otra excelente guía de discusión.

Nancy Norris: Un saludo especial por las *muchas* páginas de Lucado que ha soportado y mejorado a través de los años. Estoy agradecido.

Sue Ann Jones: ¡Que su tinta roja fluya! Gracias por su prolija labor de edición.

Mis compañeros en Word Publishing: ¡Lo hicieron de nuevo! Gran trabajo.

Dr. John Stott y su penetrante libro *Romans: God's Good News for the World* [Romanos: Las buenas noticias de Dios para el mundo]. Su erudición me fue de gran valor mientras escribía este libro.

Jenna, Andrea y Sara: Lamento que no todo papá pueda tenerlas a ustedes por hijas.

Y a mi esposa, Denalyn: Aparte de la gracia de Dios, es lo mejor que jamás vino a mi vida.

Y a ti, lector: He orado por ti. Mucho antes de que tomaras este libro le pedí a Dios que preparara tu corazón. ¿Puedo pedirte que ores por mí? ¿Elevarías a mi favor la oración de Colosenses 4.4? Gracias. Es un honor que leas estas páginas.

Que Dios te sostenga firmemente en manos de su gracia.

Introducción

La única calificación con que cuento para escribir un libro sobre la gracia es la ropa que visto. Permíteme explicarlo.

Durante años tuve un elegante traje completo con saco, pantalón y hasta sombrero. Me consideraba bien elegante vistiéndolo y confiaba en que otros estaban de acuerdo conmigo.

Los pantalones estaban hechos de la tela de mis buenas obras, fuerte tejido de obras hechas y proyectos acabados. Algunos estudios aquí, algunos sermones más allá. Muchas personas elogiaban mis pantalones y, lo confieso, tenía la tendencia de exhibirlos en público para que la gente los notara.

La chaqueta era igualmente impresionante. Estaba entretejida con mis convicciones. Cada día me vestía con profundos sentimientos de fervor religioso. Mis emociones eran bastante fuertes. Tan fuertes, a decir verdad, que a menudo me pedían que modelara en reuniones públicas mi saco de celo para inspirar a otros. Por supuesto, me encantaba hacerlo.

Mientras lo hacía, también mostraba mi sombrero: un tocado emplumado de conocimiento. Hecho con mis manos y de la tela de la opinión personal, lo llevaba con orgullo.

Sin duda, Dios está impresionado con mi atuendo, pensaba a menudo. A veces entraba a su presencia contoneándome para que Él pudiera elogiar mi atuendo hecho a la medida. Él nunca dijo nada. *Su silencio debe ser de admiración*, me convencí.

Pero entonces mi traje empezó a desgastarse. La tela de mis pantalones se estropeó. Mis mejores obras empezaron a descoserse. Empecé a dejar más cosas sin hacer y lo poco que realizaba no era nada de qué jactarse.

No hay problemas, pensé. *Me esforzaré más.*

Pero esforzarme más *era* un problema. Había un agujero en mi chaqueta de convicciones. Mi resolución estaba desgastada. Un viento frío me penetró hasta el pecho. Quise ajustarme bien el sombrero, pero el ala se desprendió por completo.

En pocos meses mi ropaje de autojusticia se descosió por completo. Pasé de vestir un traje estilo sastre a los harapos de un mendigo. Temeroso que Dios pudiera estar enojado por mi traje estropeado, hice lo mejor que pude para remendarlo y cubrir mis faltas. Pero la tela estaba muy gastada y el viento era tan helado que me di por vencido. Volví a Dios. (¿A dónde más podía ir?)

Un jueves por la tarde, siendo invierno, entré en la presencia de Dios no buscando aplauso, sino calor. Mi oración fue febril.

—Me siento desnudo.

—Lo estás. Y lo has estado por mucho tiempo.

Nunca olvidaré lo que Él hizo enseguida.

—Tengo algo que darte —dijo.

Con gentileza quitó los hilos que quedaban y luego tomó un manto, un manto real, el ropaje de su propia bondad. Lo puso alrededor de mis hombros. Las palabras que me dijo fueron tiernas:

—Hijo, *ahora estás vestido con Cristo* (véase Gálatas 3.27).

Aun cuando había cantado mil veces el himno, finalmente lo comprendí:

> *Vestido solo con su justicia,*
> *para estar impecable ante su trono.*[1]

Tengo la impresión de que algunos saben sobre qué estoy hablando. Estás vistiendo un traje que te has hecho a mano. Has cosido tus propios vestidos y andas ostentando tus obras religiosas... y ya, has empezado a notar un desgarrón en la tela. Antes de que empieces a remendarlo, me gustaría comentarte algunos pensamientos sobre el más grande descubrimiento de mi vida: la gracia de Dios.

Mi estrategia es que pasemos algún tiempo recorriendo las montañas de la carta de Pablo a los Romanos. Una epístola para el autosuficiente. Romanos contrasta el aprieto de quienes deciden vestirse de ropas hechas por ellos mismos con la situación de quienes alegremente aceptan el vestido de la gracia. Romanos es el más grandioso tratado sobre la gracia que jamás se haya escrito. Encontrarás el aire fresco y el panorama claro.

Martín Lutero llamó a Romanos «la parte principal del Nuevo Testamento y ... verdaderamente el evangelio más puro».[2] Dios usó el libro para cambiar las vidas (y los vestidos) de Lutero, Juan Wesley, Juan Calvino, William Tyndale, San Agustín y otros millones más. Existe toda razón para pensar que hará lo mismo contigo.

MAX LUCADO
DÍA DE RECORDACIÓN, 1996

---

1 Edward Mote, «The Solid Rock» [La Roca sólida].
2 Martín Lutero, «Prefacio a la Epístola de San Pablo a los Romanos», *Luther's Works* [Obras de Lutero], vol. 35, ed. J. Pelikan y H. Lehmann, Muhlenburg Press, 1960, p. 365.

1 La parábola del río

Romanos 1.21-32

Había una vez cinco hijos que vivían con su padre en un palacio en las montañas. El mayor era un hijo obediente, pero sus cuatro hermanos menores eran rebeldes. Su padre les advertía respecto al río, pero no escuchaban. Les suplicaba que se mantuvieran lejos de las orillas para que la corriente no los arrastrara, pero el encanto del río era demasiado fuerte.

Cada día los cuatro hermanos rebeldes se acercaban aún más hasta que uno de ellos se atrevió a tocar y a sentir las aguas. «Sosténganme de la mano para no caerme», dijo, y sus hermanos así lo hicieron. Pero en cuanto tocó el agua, con un tirón la corriente lo arrastró junto con los otros tres hermanos y se los llevó río abajo.

Dieron tumbos contra las rocas, a través del cauce rugiente, arrastrados por el oleaje. Sus gritos pidiendo auxilio se perdieron en la furia del río. Aunque luchaban por recobrar el equilibrio, no podían hacer nada contra la fuerza de la corriente. Después de horas de lucha, se abandonaron al impulso del río. Las aguas finalmente los arrojaron en la orilla de una tierra extraña, en un país lejano y en un lugar desolado.

Había salvajes en esa tierra. No existía seguridad como en la suya.

Vientos fríos azotaban la tierra. No era cálida como la suya.

Montañas escabrosas cubrían la tierra. No era acogedora como la suya.

Aunque no sabían dónde estaban, de una cosa estaban seguros: no los hicieron para ese lugar. Por largo tiempo los cuatro jóvenes se quedaron exhaustos en la orilla, estupefactos por su caída y sin saber a dónde acudir. Después de un tiempo hicieron acopio de su valor y se volvieron a meter al agua esperando poder caminar río arriba. Pero la corriente era demasiado fuerte. Intentaron caminar por la orilla del río, pero el terreno era demasiado escabroso. Consideraron trepar las montañas, pero los picos eran demasiado altos. Además, no conocían el camino.

Finalmente, hicieron una fogata y se sentaron.

—No debimos haber desobedecido a nuestro padre —admitieron—. Estamos muy lejos de casa.

Con el paso del tiempo los hijos aprendieron a sobrevivir en la tierra extraña. Hallaron nueces para comer y mataron animales para aprovechar las pieles. Determinaron no olvidarse de su tierra ni abandonar las esperanzas de regresar. Cada día se dedicaban a la tarea de hallar comida y construir refugio. Cada noche encendían una fogata y contaban historias acerca de su padre y su hermano mayor. Los cuatro hermanos anhelaban verlos de nuevo.

Entonces, una noche, uno de ellos no apareció junto al fuego. Los otros lo hallaron a la mañana siguiente en el valle con los salvajes. Estaba construyendo una enorme choza de paja y lodo.

—Ya me cansé de nuestras charlas —les dijo—. ¿De qué sirve recordar? Además, esta tierra no es tan mala. Voy a construir una gran casa y me estableceré aquí.

—Pero esta no es nuestra casa —objetaron los otros.

—No, pero lo es si no piensan en la verdadera.

—Pero, ¿qué de nuestro Padre?

—¿Y qué de él? No está aquí. No está cerca. ¿Debo quedarme para siempre esperando su llegada? Estoy haciendo nuevos amigos; estoy aprendiendo nuevas cosas. Si viene, que venga, pero no voy a quedarme sentado esperándolo.

Y así, los otros tres dejaron a su hermano con la choza de lodo que estaba construyendo y se alejaron. Continuaron reuniéndose alrededor del fuego, hablando de su casa y soñando con regresar.

Algunos días más tarde un segundo hermano no apareció en el campamento. A la mañana siguiente los hermanos lo hallaron en la falda de una colina contemplando la choza de su hermano.

—¡Qué atrocidad! —les dijo mientras se acercaban—. Nuestro hermano es un completo fracaso. Un insulto a nuestro apellido. ¿Pueden imaginar una acción más detestable? ¿Construir una choza y olvidarse de nuestro padre?

—Lo que hace no está bien —convino el menor—, pero lo que nosotros hicimos tampoco estuvo bien. Desobedecimos. Tocamos el río. Pasamos por alto las advertencias de nuestro padre.

—Pues bien, tal vez cometimos una o dos faltas, pero comparado con el majadero de la choza somos santos. Nuestro padre se olvidará de nuestro pecado y lo castigará a él.

—Ven —instaron los dos hermanos—, regresa a la fogata con nosotros.

—No, pienso que me quedaré aquí para vigilar a nuestro hermano. Alguien tiene que anotar sus errores para mostrárselas a nuestro padre.

Y así los dos regresaron, dejaron a un hermano construyendo y al otro juzgando.

Los dos hijos restantes se quedaron cerca al fuego, animándose mutuamente y hablando de su hogar. Entonces, al despertar una mañana, el hijo menor descubrió que estaba solo. Buscó a su hermano y le halló cerca del río apilando piedras.

—Es inútil —explicó mientras el hermano que apilaba piedras trabajaba—. Papá no vendrá a buscarme. Debo ir a él. Lo ofendí. Lo insulté. Le fallé. Solo hay una alternativa. Construiré un sendero junto al río, para regresar e ir hasta la presencia de nuestro padre. Apilaré piedra sobre piedra hasta que tenga suficientes como para recorrer el camino río arriba hasta el palacio. Cuando él vea lo duro que he trabajado y lo diligente que he sido, no tendrá otra alternativa que abrirme la puerta y permitirme entrar a casa.

El último hermano no supo qué decir. Regresó a sentarse junto al fuego, solo. Una mañana oyó una voz familiar detrás de él.

—Papá me ha mandado a que te lleve a casa.

El hijo más joven levantó sus ojos para ver la cara de su hermano mayor.

—¡Viniste a buscarnos! —exclamó. Por largo rato los dos se abrazaron.

—¿Y tus hermanos? —finalmente preguntó el mayor.

—Uno construyó una casa aquí. Otro lo está vigilando. El tercero está haciendo un sendero río arriba.

Y así el primogénito se dispuso a buscar a sus hermanos. Primero fue a la choza de techo de paja en el valle.

—¡Fuera de aquí, extraño! —gritó el hermano por la ventana—. ¡Tu presencia no es grata aquí!

—He venido para llevarte a casa.

—No es cierto. Has venido para quitarme mi mansión.

—Esto no es ninguna mansión —replicó el primogénito—. Es una choza.

—¡Es una mansión! La mejor de todo el valle. La hice con mis propias manos. Ahora, fuera de aquí. No puedes apoderarte de mi mansión.

—¿No te acuerdas de la casa de tu padre?

—No tengo padre.

—Naciste en un palacio en una tierra distante, donde el aire es cálido y los frutos abundantes. Desobedeciste a tu padre y acabaste en esta tierra extraña. He venido para llevarte a tu hogar.

El hermano miró por la ventana al primogénito como si reconociera una cara que recordara haber visto en un sueño. Pero la pausa fue breve porque rápidamente los salvajes que estaban en la casa cubrieron la ventana.

—¡Fuera de aquí, intruso! —exigieron—. Esta no es tu casa.

—Tienen razón —respondió el primogénito—, pero tampoco es la de él.

Los ojos de los dos hermanos se encontraron de nuevo. Una vez más el hermano constructor de la choza sintió un tirón en su corazón, pero los salvajes habían ganado su confianza.

—Todo lo que quiere es tu mansión —exclamaron—. ¡Dile que se vaya!

Y así lo hizo.

El primogénito buscó al siguiente hermano. No tuvo que andar mucho. En la colina cerca de la choza y al alcance de la vista de los salvajes estaba el hijo buscador de faltas. Cuando vio que el primogénito se acercaba, le gritó:

—¡Qué bueno que viniste para observar los pecados de nuestro hermano! ¿Te das cuenta de que le ha vuelto la espalda al palacio? ¿Te das cuenta de que nunca habla de casa? Sabía que vendrías. He guardado un registro cuidadoso de sus obras. ¡Castígale! Aplaudiré tu cólera. ¡Se lo merece! Enfrenta los pecados de nuestro hermano.

—Tenemos que enfrentar primero los tuyos —dijo el primogénito con dulzura.

—¿Mis pecados!

—Sí, desobedeciste al Padre.

El hijo se retorció y dio una palmada al aire.

—Mis pecados son nada. *Allí* está el pecador —exclamó señalando la choza—. Déjame contarte de los salvajes que se quedan allí...

—Prefiero que me hables de ti.

—No te preocupes por mí. Déjame mostrarte quién necesita ayuda —dijo corriendo hacia la choza—. Ven, miraremos por las ventanas. Él nunca me ve. Vamos juntos.

El hijo llegó a la choza antes de percatarse de que el primogénito no lo había seguido. Luego, el hijo mayor se dirigió al río. Allí, halló al último hermano que estaba metido hasta las rodillas en el agua apilando piedras.

—Papá me ha enviado para que te lleve a casa.

—No puedo hablar ahora. Tengo que trabajar —dijo el hermano sin siquiera levantar la vista.

—Papá sabe que has caído. Pero él te perdonará...

—Tal vez —interrumpió el hermano luchando por conservar el equilibrio contra la corriente—, pero tengo antes que llegar al palacio. Tengo que construir un sendero río arriba. Primero le mostraré que valgo la pena. Luego le pediré su misericordia.

—Él ya te ha dado su misericordia. Te llevaré río arriba. Nunca podrás construir un sendero. El río es demasiado largo. La tarea es mucha para tus manos. Papá me ha mandado para que te lleve a tu hogar. Yo soy más fuerte.

Por primera vez el hermano que apilaba piedras levantó la vista.

—¡Cómo te atreves a hablar con tanta irreverencia! Mi padre no va a perdonar con tanta facilidad. He pecado. ¡He pecado grandemente! Él nos dijo que evitáramos el río y desobedecimos. Soy un gran pecador. Necesito trabajar mucho.

—No, hermano mío, no necesitas trabajar mucho. Necesitas mucha gracia. La distancia entre tú y la casa de nuestro padre es demasiado grande. No tienes suficiente fuerza ni piedras para construir el camino. Es por eso que nuestro padre me envió. Él quiere que te lleve a casa.

—¿Estás diciendo que no puedo hacerlo? ¿Estás diciendo que no soy lo bastante fuerte? Mira mi trabajo. Mira las piedras. ¡Ya puedo dar cinco pasos!

—¡Pero tienes que dar cinco millones más!

El hermano más joven miró al primogénito con enojo.

—Sé quién eres. Eres la voz del mal. Tratas de seducirme y alejarme de mi trabajo sagrado. ¡Aléjate de mí, víbora! —respondió y le lanzó al primogénito la piedra que estaba a punto de colocar en el río.

—¡Hereje! —gritó el constructor de caminos—. Sal de esta tierra. ¡No puedes detenerme! Voy a construir este camino y llegaré hasta mi padre y él tendrá que perdonarme. Me ganaré su favor. Me ganaré su misericordia.

El primogénito sacudió su cabeza.

—Favor ganado no es favor. Misericordia ganada no es misericordia. Te imploro, déjame llevarte cargado río arriba.

La respuesta fue otra piedra. De modo que el primogénito se dio vuelta y se alejó. El hermano menor lo estaba esperando junto a la fogata cuando el primogénito regresó.

—¿Los otros no vinieron?

—No. Uno decidió divertirse, el otro juzgar y el tercero trabajar. Ninguno escogió a nuestro padre.

—¿De modo que se quedarán aquí?

El hermano mayor asintió lentamente.

—Por ahora.

—¿Y nosotros regresaremos al Padre? —preguntó el hermano.

—Sí.

—¿Me perdonará?

—¿Me hubiera enviado si así no fuera?

Y así el hermano más joven se subió a la espalda del primogénito y emprendió el camino hacia el hogar.

* * *

Los cuatro hermanos oyeron la misma invitación. Cada uno tuvo la oportunidad de que el hermano mayor lo llevara a casa. El primero dijo que no escogiendo una choza de lodo en vez de la casa de su padre. El segundo dijo que no optando por analizar las faltas de su hermano antes que admitir las suyas. El tercero dijo que no pensando que es más sabio dar una buena impresión antes que una sincera confesión. Y el cuarto dijo que sí escogiendo la gratitud antes que la culpa.

—Me divertiré —resuelve un hijo.

—Me compararé —opta otro.

—Me salvaré yo mismo —determina el tercero.

—Me entregaré confiado a ti —decide el cuarto.

¿Puedo hacerte una pregunta vital? Al leer acerca de los hermanos, ¿cuál de ellos describe tu relación con Dios? ¿Has reconocido, como el cuarto hermano, tu imposibilidad de emprender solo el regreso al hogar? ¿Estás atrapado en manos de la gracia?

¿O eres como uno de los otros tres hijos?

ESQUEMA DE LA PARÁBOLA

	El hedonista construyechozas Romanos 1.18-32	El criticón buscafaltas Romanos 2.1-11
Estrategia	me divertiré	me compararé
Objetivo	satisfacer mis pasiones	vigilaré a mi prójimo
Descripción	amante a la diversión	señala con el dedo
Personalidad	ecuánime	soberbio
Autoanálisis	Quizás sea malo, pero, ¿y qué?	Quizás sea malo, pero soy mejor que...
Teología	desdeña a Dios	distraer a Dios
Pegatinas	«La vida es corta. Juega duro».	«Dios lo ve, pero yo también».
Queja	No puedo jugar bastante.	No veo lo suficiente
Animal favorito	gato	perro guardián
Pasa su tiempo mirando	las alternativas en la lista	por encima de la cerca del vecino
Opinión de la gracia	¿Quién? ¿Yo?	¡Sí, tú!
Opinión del pecado	Nadie es culpable	Es culpable.
Ética de trabajo	Lo que hago es asunto mío.	Lo que haces es asunto mío.
Frase favorita	¡Vívelo!	¡Enderézate!
Límites	Si te gusta, hazlo.	Si te gusta, anótalo.
Condición	aburrido	amargado
Veredicto de Pablo	No hay excusas para lo que haces.	No tienes autoridad para los juicios que haces.
Versículo clave	«Dios los entregó a la inmundicia, en las concupiscencias de sus corazones» (1.24)	«Por lo cual eres inexcusable, oh hombre, quienquiera que seas tú que juzgas; pues en lo que juzgas a otro, te condenas a ti mismo; porque tú que juzgas haces lo mismo» (2.1)

ESQUEMA DE LA PARÁBOLA

	El legalista amontonapiedras Romanos 2.17—3.20	El creyente impulsado por la gracia Romanos 3.21-25
Estrategia	salvarme yo mismo	entregarme confiado a Cristo
Objetivo	medir mis méritos	conocer a mi Padre
Descripción	lleva cargas	ama a Dios
Personalidad	estresado	pacífico
Autoanálisis	A lo mejor es malo, pero si trabajo más...	Quizás sea malo, pero me han perdonado.
Teología	reembolsar a Dios	buscar a Dios
Pegatinas	«Debo, debo, por tanto salgo a trabajar».	«No soy perfecto, pero soy perdonado».
Queja	No puedo trabajar bastante.	No le agradeceré a Él lo suficiente.
Animal favorito	castor	águila
Pasa su tiempo mirando	requisitos en la lista	la abundancia de las bendiciones de Dios
Opinión de la gracia	¡Yo no!	Sí, yo.
Opinión del pecado	Siempre soy culpable.	Fui culpable.
Ética de trabajo	Lo que Dios exige es asunto mío.	Lo que Dios hace es asunto mío.
Frase favorita	¡Ponte a trabajar!	¡Gracias!
Límites	Si te gusta, deja de hacerlo.	Si te gusta, examínalo.
Condición	agotado	agradecido
Veredicto de Pablo	No tienes solución para el problema que tienes.	No tienes por qué temer.
Versículo clave	«Mas al que no obra, sino cree en aquel que justifica al impío, su fe le es contada por justicia» (4.5)	«Mas el justo por la fe vivirá» (1.17)

Un hedonista. Un criticón. Un legalista. Todos ocupados en ellos mismos al descartar al padre. Pablo los analiza en los tres primeros capítulos de Romanos. Veamos a cada uno.

El hedonista construyechozas
Romanos 1.18-32

¿Puedes relacionar al construyechozas? Canjeó su pasión por el palacio y por un amor al valle. Antes que anhelar su hogar se contentó con una choza. La meta de su vida es el placer. Tal es la definición de hedonismo y tal es la práctica de este hijo.

El hedonista navega su vida como si no hubiera padre en el pasado, presente o futuro. Una vez quizás hubo un padre en algún punto de un pasado distante, pero ¿qué del aquí y el ahora? El hijo vivirá sin él. En un lejano futuro podrá haber un padre que vendrá y lo reclamará. Pero, ¿qué en cuanto a hoy? El hijo forjará solo su vida. En lugar de aprovechar el futuro se contenta con aprovechar el día.

Pablo tenía en mente a tal persona cuando dijo: «Cambiaron la gloria del Dios incorruptible en semejanza de imagen de hombre corruptible, de aves, de cuadrúpedos y de reptiles ... honrando y dando culto a las criaturas antes que al Creador» (Romanos 1.23,25). Los hedonistas hacen canjes calamitosos; cambian mansiones por chozas y a su hermano por un extraño. Cambian la casa de su padre por un tugurio en una colina y echan fuera al hijo.

El criticón buscafaltas
Romanos 2.1-11

El método del segundo hijo fue sencillo: «¿Por qué lidiar con mis errores cuando puedo concentrarme en las faltas de otros?»

Es un criticón. *Tal vez sea malo, pero siempre que pueda hallar a alguien peor, estoy seguro.* Alimenta su bondad con los fracasos de otros. Se autodenomina el alumno favorito del profesor en la escuela primaria. Chismea respecto al trabajo chapucero de otros, inconsciente de la pésima calificación en su propia tarea. Es el sabueso vigilante del vecindario que entrega citatorios a las personas para que limpien sus acciones sin jamás notar la basura en su patio.

«Acércate, Dios, déjame mostrarte las perversas obras de mi prójimo», invita el moralista. Pero Dios no le sigue al valle. «Por lo cual eres inexcusable, oh hombre, quienquiera que seas tú que juzgas; pues en lo que juzgas a otro, te condenas a ti mismo; porque tú que juzgas haces lo mismo» (Romanos 2.1). Es una patraña superficial y Dios no se va a dejar engatusar por ella.

El legalista amontonapiedras
Romanos 2.17—3.20

Y luego está el hermano en el río. ¡Ajá! Aquí tenemos un hijo que respetamos. Trabajador. Hacendoso. Celoso. Penetrante. Aquí tenemos un hombre que ve su pecado y decide resolverlo él mismo. Sin duda, merece nuestro aplauso. Sin duda, es digno de imitar. Y, más que seguro, es digno de la misericordia del padre. ¿Acaso el padre no abriría de par en par las puertas del palacio al ver cuán duro ha trabajado el hijo para regresar al hogar?

Sin ayuda del padre, el legalista ataca las probabilidades y transita el río del fracaso. No cabe duda de que el padre se alegrará al verle. Es decir, si el padre llegara a verlo.

Como ves, el problema no es el afecto del padre, sino la fuerza del río. Lo que arrastró al hijo lejos de la casa de su padre no fue un raudo arroyo, sino más bien un rugiente torrente. ¿Es el hijo lo bastante fuerte como para construir un sendero río arriba hasta la casa del padre?

Lo dudo. Estoy seguro de que no podemos. «No hay justo, ni aun uno» (Romanos 3.10). Ah, pero lo intentamos. No amontonamos piedras en un río, pero sí hacemos buenas obras en la tierra.

Pensamos: *Si hago esto Dios me aceptará.*

Si enseño esta clase... y levantamos una piedra.

Si voy a la iglesia... y ponemos la piedra en el agua.

Si doy esta ofrenda... otra piedra.

Si aguanto otro libro de Lucado... diez piedras grandes.

Si leo mi Biblia, si tengo la opinión acertada respecto a la sana doctrina, si me uno a este movimiento... piedra, sobre piedra, sobre piedra.

¿El problema? Da cinco pasos, pero tendrás cinco millones más que dar. El río es demasiado largo. Lo que nos separa de Dios no es un arroyuelo poco profundo, sino un agitado, caudaloso y aplastante río de pecado. Ponemos una piedra sobre otra sólo para entender que a duras penas apoyamos el pie, mucho menos progresamos.

El impacto en los amontonapiedras es asombrosamente previsible: puede ser desesperanza o arrogancia. O bien se dan por vencidos o se convierten en soberbios. Piensan que nunca lo lograrán, o que son los únicos que lo lograrán en algún momento. Extraño, ¡cómo dos personas pueden mirar al mismo montón de piedras, uno baja la cabeza y el otro hincha el pecho!

Llama a la condición una impiedad *religiosa*. Es el tema detrás de la atrevida afirmación de Pablo: «El mundo entero tiene que callar ante el Todopoderoso y admitir su culpabilidad» (Romanos 3.19, *La Biblia al día*).

¿Impío o piadoso?

Vaya trío, ¿no te parece?

El primero en el mostrador de la cantina.

El segundo en la silla del juez.

El tercero en la banca de la iglesia.

Aun cuando pueden parecer diferentes, se parecen mucho.

Todos están separados del Padre. Ninguno pide ayuda. El primero da rienda suelta a sus pasiones, el segundo vigila a su prójimo y el tercero mide sus méritos. Autosatisfacción. Autojustificación. Autosalvación. La palabra operativa es *auto*. Autosuficientes. «No les importa Dios ni lo que Él piense de ellos» (3.18, *La Biblia al día*).

La palabra que Pablo usa es *impiedad* (Romanos 1.18). *Impiedad*. La palabra se define sola. Una vida sin Dios. Peor que desdeñar a Dios, es descartarlo. Un desdén al menos reconoce su presencia. La impiedad no. Mientras que el desdén hace que las personas actúen con irreverencia, el descartar les hace actuar como si Dios fuera irrelevante, como si no fuera un factor en el camino.

¿Cómo responde Dios a la vida impía? No lo hace frívolamente. «La ira de Dios se revela desde el cielo contra toda impiedad e injusticia de los hombres que detienen con injusticia la verdad» (Romanos 1.18). El punto principal de Pablo no es simple. Dios está justamente airado por las acciones de sus hijos.

Tal vez debas prepararte: Los primeros capítulos de Romanos no son una arenga. Pablo nos da las malas noticias antes que las buenas. A la larga, nos dirá que todos somos candidatos de la gracia, pero no sin antes demostrar que todos somos desesperadamente pecadores. Tenemos que ver el desastre que somos antes de que podamos apreciar al Dios que tenemos. Antes de presentar la gracia de Dios, debemos comprender la ira de Dios.

Y puesto que es allí donde Pablo comienza, allí es donde nosotros empezaremos.

¡QUÉ DESASTRE!

La pérdida del misterio los llevó a perder la majestad.

Mientras más sabemos, menos creemos.

No es de extrañarse que no nos maravillemos.

Pensamos que lo tenemos todo resuelto.

Extraño, ¿no crees?

Saber su funcionamiento no debería dejar de maravillarnos.

El conocimiento debería estimularlo.

¿Quién tiene más razones para adorar que el astrónomo que ha visto las estrellas?

¿O el cirujano que ha tenido en sus manos un corazón?

¿O el oceanógrafo que ha estudiado los abismos?

2   La ira divina llena de gracia

Romanos 1.18-20

La ira de Dios viene revelándose desde el cielo contra toda impiedad y maldad de los hombres, que con su maldad disimulan la verdad. Puesto que lo que se puede conocer acerca de Dios es evidente entre ellos, pues Dios se lo ha revelado.
ROMANOS 1.18-19 (NVI)

—¿Y descubriste que tu enamorado había estado durmiendo con tu madre? —el público contuvo risas. La adolescente en la plataforma hundió su cabeza ante el estallido de atención inesperada.

La madre era una mujer de mediana edad, vestida con un traje negro demasiado apretado, sentada y de brazos con un muchacho que vestía una camiseta sin mangas. Ella agitó su mano saludando a la concurrencia. Él sonrió a medias.

Christy Adams, la animadora del programa, no desperdició ni un momento.

—¿En realidad ustedes dos durmieron juntos?

La madre, todavía teniendo entre sus manos la del muchacho, lo miró. Él le sonrió y ella le devolvió la sonrisa mientras decía:

—Sí.

Pasó a explicar cuán sola se había sentido después de su divorcio. El enamorado de su hija pasaba en su casa a todas horas, día y noche y, pues bien, una tarde fue a sentarse en el sofá, junto a ella. Empezaron a hablar y una cosa condujo a la otra y lo siguiente que supo es que estaban... Se sonrojó y el muchacho se encogió de hombros mientras dejaban que el público completara la frase.

La muchacha se quedó impasible y en silencio.

—¿No te preocupa lo que esto le pudiera enseñar a tu hija? —inquirió Christy.

—Sólo le enseñó lo que hace todo el mundo.

—Y a ti, ¿qué te parece? —le preguntó Christy al muchacho—. ¿No le eres infiel a tu enamorada?

Él parecía sinceramente asombrado.

—Todavía la quiero —anunció—. Todo lo que hago es solamente ayudarla a querer a su madre. Somos una familia feliz. ¡No hay nada de malo en eso!

La concurrencia estalló en silbidos y aplausos. Cuando el revuelo empezó a reducirse, Christy les dijo a los amantes:

—No todo el mundo estaría de acuerdo con ustedes. He invitado a una persona para que nos diga lo que piensa respecto al estilo de vida que llevan.

Con eso los concurrentes se calmaron, deseosos de ver a quién Christy había reclutado para añadir sazón al diálogo.

—Es el teólogo más famoso del mundo. Muchos siguen sus escritos, mientras que otros los debaten. En su primera aparición en el espectáculo de Christy Adams, por favor, recibamos con un aplauso al controversial teólogo, erudito y escritor, ¡el apóstol Pablo!

Un aplauso de cortesía dio la bienvenida a un hombre calvo, de baja estatura, con anteojos y una chaqueta de paño de varios colores. Se aflojó un poco su corbata, mientras acomodaba su figura en la silla en la plataforma. Christy dejó a un lado los saludos de cortesía.

—¿Tienes problemas con lo que esta gente hace?

Pablo puso sus manos sobre sus piernas, miró al trío y luego de nuevo a Christy.

—Mi opinión no es lo que importa. Lo que importa es lo que Dios piensa.

Christy hizo una pausa, para que los televidentes pudieran oír el murmullo que recorrió todo el estudio.

—Entonces, por favor Pablo, ¿qué piensa Dios respecto a este creativo arreglo amoroso?

—Despierta su ira.

—¿Y por qué?

—El mal despierta la ira de Dios porque el mal destruye a sus hijos. Lo que estas personas hacen es malo.

Las fuertes palabras se recibieron con unos cuantos abucheos, unos pocos aplausos dispersos y un montón de manos levantadas. Antes de que Christy pudiera volver a decir algo, Pablo continuó:

—Como resultado, Dios los ha dejado para que sigan la senda de pecado que han escogido. Su pensamiento es negro, sus acciones pervertidas y Dios está disgustado.

Un tipo espigado, sentado al frente, gritó expresando su objeción:

—El cuerpo es de ella. ¡Ella puede hacer lo que quiere!

—Ah, pero allí es donde estás equivocado. El cuerpo de ella le pertenece a Dios y debe usarse para Él.

—Lo que hacemos no daña a nadie —objetó la madre.

—Mira a tu hija —instó Pablo, señalando a la muchacha, cuyos ojos estaban llenos de lágrimas—. ¿No puedes ver cuánto daño le has hecho? Canjeaste el amor saludable por la lujuria. Cambiaste el amor de Dios por el amor de la carne. Cambiaste la verdad por la mentira. Y cambiaste lo natural por lo que es contra la naturaleza...

—¿Te das cuenta de cuán estrafalario suenas? ¿Toda esa charla acerca de Dios, del bien y del mal, y de inmoralidad? ¿No piensas que estás fuera de la realidad? —dijo Christy sin poder contener más su cólera.

—¿Fuera de la realidad? No. Fuera de lugar, sí. Pero fuera de la realidad, difícilmente. Dios no se queda en silencio mientras sus hijos dan rienda suelta a la perversión. Nos deja que sigamos por nuestros caminos de pecado y que cosechemos las consecuencias. Cada corazón destrozado, cada niño que nace sin que lo quieran, cada guerra y tragedia tiene su raíz en nuestra rebelión contra Dios.

El público se puso de pie de un salto, la madre puso un dedo en la cara de Pablo y Christy se volvió a la cámara, deleitándose del pandemónium.

—Tenemos que ir a comerciales —gritó por encima del bullicio—. No se vayan; tenemos más preguntas para nuestro amigo el apóstol.

Dios detesta el mal

¿Qué te pareció el diálogo anterior? ¿Áspero? (Pablo fue demasiado intolerante.) ¿Irreal? (La escena fue demasiado extravagante.) ¿Ridículo? (Nadie aceptaría tales convicciones.)

Cualquiera que sea tu respuesta, es importante notar que aun cuando el libreto es ficticio, las palabras de Pablo no.

Dios está «contra toda impiedad e injusticia de los hombres» (Romanos 1.18). Aquel que nos insta: «Aborreced lo malo» (Romanos 12.9), aborrece lo malo.

En tres escalofriantes versículos Pablo afirma:

«Dios los dejó caer...»

«Dios los dejó desbordarse...»

«Dios los abandonó a que hicieran lo que sus mentes corruptas pudieran concebir...» (Romanos 1.24,26,28 *La Biblia al día*).

La ira de Dios está contra el mal.

Para muchos, esto es una revelación. Algunos dan por sentado que Dios es un atosigado director de escuela secundaria, demasiado atareado controlando los planetas como para notarnos.

No es así.

Otros dan por sentado que Él es un padre indulgente, ciego a la maldad de sus hijos.

Falso.

Otros más insisten en que nos ama tanto que no puede enfadarse contra nuestra maldad.

No comprenden que el amor *siempre* aborrece el mal.

Dios tiene todo el derecho a airarse

Muchos no comprenden la ira de Dios porque la confunden con la cólera del hombre. Las dos cosas tienen muy poco en común. La cólera humana es típicamente egoísta y proclive a explosiones de rabietas y acciones violentas. Perdemos los estribos porque se nos echan a un lado, nos descuidan o engañan. Esta es la ira del hombre. No es, sin embargo, la de Dios.

Dios no se encoleriza porque no se sale con la suya. Su ira se debe a que la desobediencia siempre resulta en autodestrucción. ¿Qué clase de padre se queda impasible observando que su hijo se daña a sí mismo?

¿Qué clase de Dios haría cosa semejante? ¿Piensas que se ríe del adulterio o sonríe ante el homicidio? ¿Piensas que se hace de la vista gorda cuando producimos programas de televisión basados en placeres perversos? ¿Mueve la cabeza y dice: «Los seres humanos siempre serán humanos»?

Pienso que no. Toma nota y subráyalo en rojo. La ira de Dios es legítima. Dios es un Dios santo. Nuestros pecados son una afrenta a su santidad. «Muy limpio eres de ojos para ver el mal, ni puedes ver el agravio» (Habacuc 1.13).

Dios se encoleriza contra el mal que arruina a sus hijos. «Mientras Dios sea Dios, no puede contemplar con indiferencia que se destruya su creación, ni que se pisotee su santa voluntad».[1]

No tenemos excusa

Mi padre tenía una aversión similar al alcohol. Jack Lucado detestaba el licor en todas sus formas, porque conocía su poder destructor. Su naturaleza amable se enervaba con solo pensar en la embriaguez. No me cabía la menor duda de que aborrecía el licor y de que no quería que sus hijos tuvieran algo que ver con eso.

Pero los hijos no siempre oyen a sus padres. Cuando tenía quince años me propuse emborracharme y lo logré. Bebí cerveza hasta que empecé a ver doble y luego regresé a casa y vomité hasta que ni siquiera podía sostenerme de pie. Mi padre vino al baño, percibió el tufo de la cerveza, me lanzó una toalla y se alejó disgustado. Me fui a tropezones hasta mi cama, sabiendo que estaba en serios aprietos.

Me desperté temprano a la mañana siguiente. (No había manera posible para disfrutar el placer de dormir hasta que se me pasara la resaca.) Mientras me duchaba, trataba de pensar en una explicación. «Mis amigos me obligaron a hacerlo», o «Fue un accidente», o «Alguien debe haber echado licor en el refresco». Pero una alternativa que nunca consideré fue aducir ignorancia. Ni por un instante pensé en decir: «Nunca me dijiste que no debía embriagarme».

No solo hubiera sido mentira, sino también hubiera sido una

1 Anders Nygren, *Commentary on Romans* [Comentario sobre Romanos], Fortress Press, Filadelfia, 1949, p. 98.

difamación contra mi padre. ¿No me lo había dicho? ¿No me lo había advertido? ¿No había tratado de enseñarme? Sabía bien que no podía decir que no sabía bien.

No tenía excusa. Según Pablo, no la tenemos. En algunas de las palabras más impresionantes de la Biblia, dice:

> Porque lo que de Dios se conoce les es manifiesto, pues Dios se lo manifestó. Porque las cosas invisibles de Él, su eterno poder y deidad, se hacen claramente visibles desde la creación del mundo, siendo entendidas por medio de las cosas hechas, *de modo que no tienen excusa*. (Romanos 1.19-20, cursivas mías)

No tenemos excusa debido a que Dios se nos ha revelado mediante su creación.

El salmista escribió: «Los cielos cuentan la gloria de Dios, y el firmamento anuncia la obra de sus manos. Un día emite palabra a otro día, y una noche a otra noche declara sabiduría. No hay lenguaje, ni palabras, ni es oída su voz. Por toda la tierra salió su voz, y hasta el extremo del mundo sus palabras» (Salmo 19.1-4).

Cada estrella es un anuncio. Cada hoja un recordatorio. Los glaciares son megáfonos, las estaciones son capítulos, las nubes son banderas. La naturaleza es un canto de muchas partes, pero con un solo tema y un solo verso: *Dios es*.

Hace cientos de años Tertuliano dijo:

> No fue la pluma de Moisés lo que inició el conocimiento del Creador ... La inmensa mayoría de la humanidad, aunque nunca había oído el nombre de Moisés, para no decir nada de sus libros, conocía no obstante al Dios de Moisés ... La naturaleza es el maestro; el alma es el alumno ... Una flor del jardín ... una concha de cualquier mar que prefieras ... una pluma de un ave del páramo ... ¿te hablarán de un Creador tirano? ... Si te ofrezco una rosa, no te mofarás de su Creador.[2]

---

2 Tertuliano, teólogo cartaginés, citado en William Barclay, *Nuevo Testamento (Tomo 8: Romanos)*, Editorial La Aurora, Buenos Aires, Argentina (p. 27 del original en inglés).

La creación es el primer misionero de Dios. Hay quienes nunca han tenido una Biblia ni oído un versículo bíblico. Hay quienes mueren antes de que un traductor ponga en su idioma la Palabra de Dios. Hay millones que vivieron en la antigüedad o viven en tierras distantes lejos de los cristianos. Hay los sencillos de mente que no pueden comprender el evangelio. ¿Qué guarda el futuro para la persona que nunca ha oído de Dios?

De nuevo, la respuesta de Pablo es clara. El corazón humano puede conocer a Dios mediante la obra de sus manos en la naturaleza. Si eso es todo lo que uno ve jamás, es suficiente. Uno necesita tan solo responder a lo que se le ha dado. Y si solo se le ha dado el testimonio de la creación, tiene lo suficiente.

El problema no es que Dios no haya hablado, sino que nosotros no hemos escuchado. Dios dice que su ira se dirige contra *toda cosa* y *toda persona* que detiene el conocimiento de la verdad. Dios ama a sus hijos y detesta lo que los destruye. Esto no significa que Él estalla en cólera o pierde los estribos, ni que es emocionalmente imprevisible. Sencillamente quiere decir que te ama y detesta lo que llegas a ser cuando te alejas de Él.

Llámalo hostilidad santa. Un correcto aborrecimiento del mal. Un disgusto divino contra lo malo que destruye a sus hijos.

La pregunta no es: «¿Cómo se atreve un Dios amante a encolerizarse?», sino más bien: «¿Cómo puede un Dios amante sentir menos que eso?»

3 | Vida sin Dios

Romanos 1.21-32

Cambiaron la gloria del Dios incorruptible en semejanza de imagen de hombre corruptible, de aves, de cuadrúpedos y de reptiles ... honrando y dando culto a las criaturas antes que al Creador, el cual es bendito por los siglos. ROMANOS 1.23,25

¿Puede un grillo comprender la Cena del Señor? He estado pensando en este interrogante desde el domingo pasado cuando el grillo y la pregunta se cruzaron en mi camino. Estaban sirviendo la Cena del Señor y al inclinar la frente noté al visitante debajo del banco. Pienso que se metió por una puerta lateral, se deslizó por debajo del zapato del diácono y se las arregló para llegar hasta el frente del santuario.

Mirar a un grillo despierta en mí muchas emociones, ninguna de ellas espiritual. Perdónenme todos los que les encantan los insectos, pero a mí no me atrae su belleza ni me asombra su fuerza. Normalmente el animal no despertaría mi interés, pero ver un insecto en el santuario me llamó la atención solo como hecho simbólico.

Tenemos algo en común tú, el grillo y yo. Es la visión limitada. Espero que la comparación no te fastidie (¡ay!), pero me parece apropiada. Ninguno es demasiado bueno imaginando la vida más allá del techo.

Como ve, en lo que respecta al grillo, todo su universo es un auditorio. Puedo imaginármelo por la noche llevando a su hijo por las paredes y diciéndole que vea las vigas del techo. Colocando sus patas cariñosamente sobre la espalda de su hijo y suspirando: «Vivimos bajo un cielo poderoso, hijo mío». ¿Pero él sabe que ve solo una fracción?

Y también se encuentran allí las aspiraciones del grillo. Su sueño más importante es hallar un pedazo de pan. Sueña con tortas de migas y gotas de mermeladas. Los grillos engrandecen a los insectos. Uno veloz puede atravesar un salón lleno de pies. Un osado ya ha explorado los recovecos del bautisterio. Un intrépido se ha aventurado hasta el borde mismo de un formidable estante o saltado a lo largo del precipicio en el borde de la ventana. ¿Hay en el reino de los grillos una leyenda de Grillo Revere que atravesó velozmente las paredes gritando: «¡El insectívoro se acerca! ¡El insectívoro se acerca!»

Los asombrados grillos se miran entre sí y proclaman: «¡Jimminy Humano!»

Tal vez la mejor pregunta sea: ¿a quién adora un grillo? ¿Reconoce que hay una mano detrás del edificio? ¿O prefiere adorar al edificio en sí mismo? ¿O tal vez algún lugar del edificio? ¿Da por sentado que, puesto que nunca ha visto al constructor, no *hubo* constructor?

El hedonista lo hace. Ya que nunca ha visto la mano que hizo el universo, da por sentado que no hay vida más allá del aquí y ahora. Piensa que no hay verdad más allá de esta habitación. No hay propósito más allá de su propio placer. No hay factor divino. No se preocupa por lo eterno. Como el grillo que se niega a reconocer al constructor, él se niega a reconocer a su creador.

El hedonista opta por vivir como si no hubiera ningún

creador. De nuevo, la palabra que Pablo usa es *impiedad*. Escribió que los hombres «no aprobaron tener en cuenta a Dios» (Romanos 1.28).

¿Qué ocurre cuando una sociedad ve al mundo a través de los ojos de un grillo? ¿Qué ocurre cuando una cultura se conforma con chozas de paja en lugar del palacio del padre? ¿Tiene acaso alguna consecuencia la búsqueda impía del placer? ¿Hay un precio que se paga por vivir para hoy?

El hedonista dice: «¿A quién le importa? Tal vez soy malo, pero, ¿y qué? Lo que hago es asunto mío». Se interesa más en satisfacer sus pasiones que en conocer al Padre. Su vida está tan desesperada por el placer que no tiene tiempo ni espacio para Dios.

¿Tiene razón? ¿Es bueno que pasemos nuestros días despreciando a Dios y divirtiéndonos de lo lindo?

Pablo dice: «¡De ninguna manera!»

Según Romanos 1, cuando desechamos a Dios perdemos más que los vitrales de la catedral. Perdemos nuestra norma, nuestro propósito y nuestra adoración. «Se envanecieron en sus razonamientos, y su necio corazón fue entenebrecido. Profesando ser sabios, se hicieron necios» (Romanos 1.21,22).

1. Perdemos nuestra norma

Cuando tenía nueve años elogié el aeroplano modelo que tenía un amigo.

—Lo robé —me contestó a secas. Pudo notar que me quedé azorado porque me preguntó—: ¿Piensas que no actué bien?

Cuando se lo dije, sencillamente me contestó:

—Tal vez para ti sea malo, pero no para mí. Al robarme el avión no le hice daño a nadie. Conozco al dueño. Es rico. Yo no lo soy. Él puede comprar otro. Yo no.

¿Qué opinas de este argumento? Si no crees en la vida más allá de las vigas del techo, no tienes mucho que decir. Si no hay ningún bien supremo *más allá* del mundo, ¿cómo defines lo «bueno» *dentro* del mundo? Si la opinión de la mayoría determina lo que es bueno o malo, ¿qué ocurre cuando la mayoría se equivoca? ¿Qué haces cuando la mayoría de los muchachos en cierto grupo dice que es bueno robar o darse al pillaje, o incluso disparar armas de fuego desde un vehículo en movimiento?

El mundo del hedonista, sin absolutos morales, parece bueno en el papel y suena excelente en un curso universitario de filosofía, ¿pero en la vida? Pregúntale al padre de tres hijos cuya esposa lo abandonó diciendo: «El divorcio tal vez te parezca malo, pero a mí me parece bueno». O pídele la opinión a la adolescente, encinta y aterrorizada, a quien su enamorado le dijo: «Si tienes el bebé, es tu responsabilidad». O al jubilado al que el embaucador le roba su pensión y le dice que todo marchará bien siempre y cuando no lo atrapen.

Una perspectiva santa del mundo, por otro lado, tiene algo que decirle al ladrón infantil. La fe desafía a los que tienen cerebro de grillo a responder a una norma más elevada que la opinión personal: «Tal vez pienses que es bueno. La sociedad puede pensarlo también. Pero el Dios que te hizo dijo: "No robarás"... y no estaba bromeando».

De paso, lleva el pensamiento impío a su extensión lógica y comprueba qué obtienes. ¿Qué ocurre cuando una sociedad niega la importancia del bien o el mal? Lee la respuesta en la pared de una cárcel en Polonia: «Yo liberé a Alemania de las estúpidas y degradantes falacias de la conciencia y la moralidad».[1]

¿Quién se jactó de esa manera? Adolfo Hitler. ¿Dónde se plasmaron esas palabras? En un campamento nazi de muerte. Los visitantes leen la leyenda y ven sus resultados: una habitación repleta de miles de kilogramos de cabellos de mujer,

---

1 Ravi Zacharias, *¿Puede el hombre vivir sin Dios?*, Editorial Caribe, Miami, FL, 1995, p. 54.

cuartos llenos de retratos de niños castrados y cámaras de gas que sirvieron a Hitler como la solución final. Pablo lo describe mejor: «Su necio corazón fue entenebrecido» (Romanos 1.21).

Vamos, Max, vas demasiado lejos. ¿No exageras al afirmar que lo que empezó con el robo de un modelo de avión concluirá en holocausto?

La mayoría de las veces, no. Pero puede suceder, ¿y hay algo que pueda detenerlo? ¿Qué dique tiene el intelectual que niega a Dios que pare la inundación? ¿Qué ancla usará el secularista para impedir que el mar absorba a la sociedad? Si la sociedad saca a Dios de la ecuación humana, ¿qué sacos de arena colocarán contra el creciente desborde de barbarie y hedonismo?

Como Dostoievski afirmó: «Si Dios ha muerto, todo es justificable».

2. Perdemos nuestro propósito

La siguiente conversación ocurrió entre un canario en una jaula y una alondra en el alféizar de la ventana. La alondra miró al canario y le preguntó:

—¿Cuál es tu propósito?

—Mi propósito es comer semillas.

—¿Para qué?

—Para poder ser fuerte.

—¿Para qué?

—Para poder cantar —respondió el canario.

—¿Para qué?

—Porque cuando canto me dan más semillas.

—¿De modo que comes para poder ser fuerte para poder cantar para que te den más semillas para que puedas comer?

—Así es.

—Hay más para ti que eso —ofreció la alondra—. Si me sigues te ayudaré a encontrarlo, pero debes salir de tu jaula.

Es difícil hallar significado en un mundo enjaulado. Pero eso no impide que lo intentemos. Busca en lo hondo de tu ser y lo encontrarás: un anhelo intenso de significación, una búsqueda de propósito. Tan seguro como la respiración de un niño algún día te preguntarás: «¿Cuál es el propósito de mi vida?»

Algunos buscan importancia en una carrera. «Mi propósito es ser dentista». Excelente profesión, pero difícilmente sea una justificación para la existencia. Optan ser una «obra» humana en lugar de ser un «ser» humano. Son lo que hacen; por consiguiente, hacen mucho. Trabajan muchas horas porque si no lo hacen, no tienen identidad.

Otros son lo que tienen. Hallan importancia en un nuevo automóvil, una nueva casa o nueva ropa. Estas personas son buenas para la economía y rigurosas en el presupuesto porque siempre buscan significación en algo que poseen.

Incluso otros buscan distinción en su prole. Viven vicariamente a través de sus hijos. ¡Ay de estos muchachos! Es ya bastante duro ser niño y cuánto más ser la razón de la vida de otra persona.

Algunos prueban con deportes, entretenimientos, cultos, relaciones sexuales y cualquier cosa imaginable.

Todos los espejismos en el desierto del propósito. «Y al creerse sabios sin Dios, se volvieron aún más necios» (Romanos 1.22 *La Biblia al día*).

¿No deberíamos enfrentar la verdad? Si no reconocemos a Dios, somos despojos flotantes en el universo. En el mejor de los casos somos animales más desarrollados. En el peor de los casos somos polvo cósmico reestructurado. En el análisis final, los secularistas tienen una sola respuesta a la pregunta: «¿Cuál es la importancia de la vida?» ¿Su respuesta? «No lo sabemos».

O como el paleontólogo Stephen J. Gould concluyó:

Existimos debido a que un grupo extraño de peces tuvo en sus aletas una anatomía peculiar que pudo transformarse en piernas para las criaturas terrestres; debido a que la tierra nunca se congeló del todo durante la edad glacial; porque una especie pequeña y tenue, que surgió en África hace alrededor de un cuarto de millón de años, se las ha arreglado hasta aquí para sobrevivir contra viento y marea. Tal vez suspiremos por una respuesta «superior», pero no existe ninguna.[2]

En el altar de la impiedad queda sacrificado el propósito del hombre.

Contrasta eso con la visión de Dios para la vida: «Porque somos hechura suya, creados en Cristo Jesús para buenas obras, las cuales Dios preparó de antemano para que anduviésemos en ellas» (Efesios 2.10).

Con Dios en el mundo, no eres ni un accidente ni un incidente; eres un don para el mundo, una obra de arte divina rubricada por Dios.

Uno de los mejores regalos que recibí es una pelota de fútbol firmada por treinta capitanes de equipos profesionales. No hay nada singular en la pelota. Hasta donde sé, la compraron en un almacén de descuento de artículos deportivos. Lo que la hace singular son las firmas.

Lo mismo ocurre con nosotros. En el esquema de la naturaleza, los *homo sapiens* no son singulares. No somos las únicas criaturas con carne y pelos, sangre y corazones. Lo que nos hace especiales no es nuestro cuerpo, sino la firma de Dios en nuestras vidas. Somos sus obras de arte. Somos creados a su imagen para hacer buenas obras. Somos significativos, no por lo que hacemos, sino debido a quién pertenecemos.

3. Perdemos nuestra adoración

¿Has oído el cuento del hombre que buscaba sus llaves bajo la

2 Stephen Jay Gould, citado en Donald McCullough, *The Trivialization of God* [La trivialización de Dios], NavPress, Colorado Springs, 1995, p. 16.

luz del alumbrado público? Su amigo lo ve y se detiene para ayudarle. Después de algunos minutos le pregunta:

—Exactamente, ¿dónde se te cayeron las llaves?

—En mi casa —responde el hombre.

—¿En tu casa? Entonces, ¿por qué las buscas aquí afuera?

—Porque aquí hay más luz.

Nunca hallarás lo que necesitas si no lo buscas en el lugar apropiado. Si estás buscando llaves, búscalas en el lugar donde las perdiste. Si estás buscando verdad y propósito, tienes que salir de las vigas del techo. Y si estás buscando lo sagrado, una vez más, no lo encontrarás si piensas como un grillo.

«Cambiaron la gloria del Dios incorruptible en semejanza de imagen de hombre corruptible, de aves, de cuadrúpedos y de reptiles» (Romanos 1.23).

Regresemos a los grillos por un momento. Demos por sentado que estos grillos son muy avanzados y con frecuencia se dedican a la cuestión filosófica: «¿Hay vida más allá de las vigas del techo?»

Algunos grillos creen que la hay. Debe haber un creador de este lugar. ¿De qué otra manera podrían encenderse las luces? ¿De qué otra manera podría el aire soplar por las rejillas? ¿De qué otra manera podría la música llenar este recinto? Como resultado de su asombro por lo que ven, adoran lo que no pueden ver.

Pero otros grillos discrepan. Al estudiarlo, hallan que las luces se encienden debido a la electricidad. El aire sopla debido a los acondicionadores de aire y la música es el resultado de equipos de amplificación y parlantes. «No hay vida más allá de este recinto», declaran. «Ya sabemos cómo funciona todo esto».

¿Dejaríamos que los grillos sobrevivan así? ¡Por supuesto que no! «Debido a que entienden el sistema», les diríamos, «eso no niega la presencia de alguien fuera de él. Después de todo,

¿quién lo hizo? ¿Quién instaló el interruptor? ¿Quién diseñó el compresor y fabricó el generador?»

Pero, ¿no cometemos el mismo error? Comprendemos cómo se forman las tormentas. Cartografiamos los sistemas solares y trasplantamos corazones. Medimos las profundidades de los océanos y enviamos señales a planetas distantes. Nosotros, los grillos, hemos estudiado el sistema y estamos aprendiendo su funcionamiento.

Y para algunos, la pérdida del misterio los llevó a perder la majestad. Mientras más sabemos, menos creemos. Extraño, ¿no crees? Saber cómo funciona no debería dejar de maravillarnos. El conocimiento debería estimularlo. ¿Quién tiene más razones para adorar que el astrónomo que ha visto las estrellas? ¿O el cirujano que ha tenido en sus manos un corazón? ¿O el oceanógrafo que ha estudiado los abismos? Mientras más sabemos, más deberíamos maravillarnos.

Es paradójico, pero mientras más sabemos, menos adoramos. Nos impresiona más descubrir el interruptor de la luz que al que inventó la electricidad. Llamémoslo lógica de cerebro de grillo. En lugar de adorar al Creador, adoramos la creación (véase Romanos 1.25).

No es de extrañarse que no nos maravillemos. Ya lo sabemos todo.

Una de las atracciones más populares del parque de diversiones Disney World es el crucero por la selva. La gente espera más de cuarenta y cinco minutos bajo el sol de la Florida la oportunidad de abordar el barco y efectuar el recorrido a través de selvas infestadas de serpientes. Vienen por los sustos. Uno nunca sabe cuándo un aborigen saltará de entre los árboles ni un cocodrilo saldrá de la superficie del agua. Las cascadas te empapan, el arco iris te inspira y los elefantitos que juegan en el agua te divierten.

Es todo un viaje... las primeras veces. Pero después de

hacerlo cuatro o cinco veces, el recorrido empieza a perder su encanto. Debería saberlo. Durante los tres años que viví en Miami, Florida, hice casi veinte viajes a Orlando. Era soltero y tenía un microbús y me dejaba engatusar por cualquiera que quería pasar un día en el Reino Mágico. Para el octavo o noveno viaje podía decir hasta los nombres de los guías y los chistes que contaban.

En realidad, un par de veces me quedé dormido durante el recorrido. El trayecto había perdido sus secretos. ¿Alguna vez te has preguntado por qué la gente se queda dormida los domingos por la mañana (ya sea en la cama o en el santuario)? Ahora lo sabes. Lo han visto todo. ¿Para qué emocionarse? Lo saben todo. Nada es sagrado. Lo sagrado se convierte en tedioso. En lugar de entrar a la vida corriendo como niños a un parque, dormitamos día tras día como pasajeros en un tren.

¿Puedes ver por qué la gente se llenó de «concupiscencias de sus corazones, de modo que deshonraron entre sí sus propios cuerpos»? (Romanos 1.24). Tienen que conseguir emociones en alguna parte.

De acuerdo a Romanos 1, la impiedad es un mal trueque. Al vivir para hoy el hedonista construyechozas destruye su esperanza de vivir en un palacio mañana.

Lo que era cierto en los días de Pablo lo es aún en los nuestros, y haríamos bien en hacer caso a su advertencia. De otra manera, ¿qué nos impide que nos autodestruyamos? Si no hay norma en esta vida, si no hay propósito en esta vida y si nada es sagrado en esta vida, ¿qué nos impide que hagamos lo que se nos antoja?

«Nada», le dice un grillo al otro.

¿Qué opina Dios respecto a tal opinión de la vida? Permíteme darte una pista. ¿Cómo te sentirías si vieras a tus hijos conformándose con las migajas cuando tú le has preparado un festín?

4 | Juicio sin Dios

Romanos 2.1-11

Por lo cual eres inexcusable, oh hombre, quienquiera que seas tú que juzgas; pues en lo que juzgas a otro, te condenas a ti mismo; porque tú que juzgas haces lo mismo. ROMANOS 2.1

¿Sabes lo que más me perturba de Jeffrey Dahmer?

No son sus acciones aunque sean horripilantes. Lo hallaron culpable de diecisiete asesinatos. En su departamento se encontraron once cadáveres. Les cortó los brazos. Se comió su carne. Mi diccionario de sinónimos tiene doscientas cuatro acepciones para la palabra *vil* y todas se quedan chicas para describir a un sujeto que guarda calaveras en su refrigerador y se come un corazón humano. Dahmer redefinió las fronteras de la brutalidad. El monstruo de Milwaukee se balanceó desde el escalón más bajo de la conducta humana y luego se dejó caer aún más bajo. Pero eso no es lo que más me molesta.

¿Puedo decirte lo que más me perturba de Jeffrey Dahmer? No es su caso judicial, perturbador como lo fue, con todos esos retratos suyos sentado sereno en la corte, impávido, inmóvil. Ni una sola señal de remordimiento, ni siquiera un indicio de pesar. ¿Recuerdas sus ojos fríos como el acero y su cara impasible? Pero no hablo de él debido a su juicio. Hay otra razón. ¿Puedo decirte lo que en realidad me perturba de Jeffrey Dahmer?

No fue su castigo, aun cuando su sentencia de prisión vitalicia sin posibilidad de libertad bajo palabra difícilmente se podría considerar apropiada para sus acciones. ¿Cuántos años serían lo bastante justos? ¿Una vida en prisión por cada vida que quitó? Pero eso es otro asunto y aun eso no es lo que más me perturba de Jeffrey Dahmer. ¿Puedo decirte qué es?

Su conversión.

Meses antes de que otro preso lo matara, Jeffrey Dahmer se convirtió en cristiano. Dijo que se había arrepentido. Que lamentaba lo que había hecho. Lo lamentaba profundamente. Dijo que puso su fe en Cristo. Se bautizó. Empezó su vida de nuevo. Comenzó a leer libros cristianos y a asistir a los cultos.

Limpio de pecados. Limpia el alma. El pasado olvidado.

Eso me perturba. No debería ser así, pero lo es. ¿Gracia para un caníbal?

Quizás tengas las mismas reservas. Si no en cuanto a Dahmer, tal vez respecto a otra persona. ¿Alguna vez te has sentido incómodo al pensar en la conversión en el lecho de muerte de un violador o en la conversión a última hora de uno que ultrajó niños? Los sentenciamos, tal vez no en los tribunales, pero sí en nuestros corazones. Los ponemos tras las rejas y echamos candado a las puertas. Quedan para siempre prisioneros de nuestro asco. Y entonces, ocurre lo imposible. Se arrepienten.

¿Nuestra respuesta? (¿Nos atrevemos a decirla?) Cruzamos los brazos, arrugamos el ceño y decimos: «Dios no te va a dejar en paz tan fácilmente. No, después de lo que hiciste. Dios es bondadoso, pero no es ningún flojo. La gracia es para los pecadores comunes y corrientes como yo, no para pervertidos como tú».

Para probarlo tal vez acudamos a Romanos 1. «*La ira de Dios se revela desde el cielo contra...*» Y luego Pablo hace una lista: inmoralidad sexual, perversión, egoísmo, odio, celos, homicidios (véase 1.26-30). Queremos gritar: «¡Así se hace, Pablo! ¡Ya era tiempo que alguien hablara contra el pecado! Es más que tiempo para que alguien le quite la cobija al adulterio y encienda la luz sobre la falta de honradez. No des cuartel a esos perversos. Fustiga a los traficantes de pornografía. ¡Estamos de tu parte, Pablo! ¡Nosotros, las personas decentes que acatan la ley, estamos contigo!»

¿La respuesta de Pablo?

«"¡Qué gente tan horrible!", te estarás diciendo. ¡Espera un momento! ¡Tú eres tan malo como ellos! Cuando me dices que aquellos malvados deben ser castigados, estás hablando contra ti mismo, porque cometes los mismos actos» (Romanos 2.1, *La Biblia al día*).

¡Ayayay!

Después de considerar al gato construyechozas, ahora dirige tu antorcha al perro guardián en la falda de la colina.

No escatimamos el mazo del juez

En Romanos 1, Pablo confronta a los hedonistas. En el capítulo 2 trata acerca de otro grupo, los moralistas que juzgan: los que «juzgan a otros» (2.1). En algún punto entre el jolgorio y el culto se halla la persona que señala con su dedo a las demás.

«Por lo cual eres inexcusable, oh hombre, quienquiera que seas tú que juzgas; pues en lo que juzgas a otro, te condenas a ti mismo; porque tú que juzgas haces lo mismo» (Romanos 2.1).

¿Quién es esta persona? Podría ser cualquiera («oh hombre, quienquiera que seas tú») que filtra la gracia de Dios por la red de su propia opinión. Cualquiera que diluye con su prejuicio la misericordia de Dios. Es el hermano mayor del hijo pródigo que no quería asistir a la fiesta (véase Lucas 15.11-32). Es el obrero que trabajó diez horas, molesto porque el que trabajó una hora recibió la misma paga (véase Mateo 20.1-16). Es el hermano que anda en busca de faltas obsesionado por los pecados de su hermano y ciego a los suyos.

Si «juzgas a otro» (Romanos 2.1), Pablo tiene un severo recordatorio para ti. No es atribución suya hacer vibrar el mazo. «El juicio de Dios contra los que practican tales cosas es según verdad» (v. 2).

La expresión clave aquí es *juicio*. Una cosa es tener una opinión. Otra muy distinta es pronunciar un veredicto. Una cosa es tener una convicción y otra es declarar culpable a la persona. Una cosa es sentir asco por las acciones de un Jeffrey Dahmer (y yo lo siento) y otra totalmente diferente es afirmar que soy superior (y no lo soy) o que tal persona se halla más allá de la gracia de Dios (nadie lo está).

Como John Stott escribe: «Este [versículo] no es un llamado a suspender nuestras facultades esenciales ni a renunciar como ilegítima a toda crítica o reproche de otros: es más bien una prohibición de levantarse en juicio contra otras personas y condenarlas (lo cual como seres humanos no tenemos derecho de hacer), sobre todo cuando fallamos al condenarnos a nosotros mismos».[1]

Nuestra tarea es detestar el pecado. Sin embargo, la tarea de Dios es lidiar con el pecador. Dios nos ha llamado a aborrecer el mal, pero jamás nos ha llamado a que despreciemos al malo.

Pero, ¡ah!, cómo nos encanta hacerlo. ¿Hay acaso algo más sabroso que juzgar a otros? Hay algo que nos llena de vanidad

---

1   John Stott, *Romans: God's Good News for the World* [Romanos: Las buenas noticias de Dios para el mundo], InterVarsity Press, Downers Grove, IL, 1994, 82.

y satisface al ponernos la toga, subir al estrado y descargar el mazo. «¡Culpable!»

Además, juzgar a otros es la manera rápida y fácil de sentirnos bien de nosotros mismos. Un estimulante del ego empaquetado. Parándonos junto a los Mussolinis y Hitlers y Dahmers del mundo, nos jactamos: «Mira Dios, comparado con ellos, no soy tan malo».

Pero he ahí el problema. Dios no nos compara con ellos. No son la norma. Dios lo es. Y comparados con Él, Pablo argumenta: «No hay quien haga lo bueno» (Romanos 3.12). A decir verdad, esa es una de las dos razones por las que Dios es el que juzga.

Razón #1: No somos lo bastante buenos

Supongamos que Dios simplificara el asunto y redujera la Biblia a un solo mandamiento: «Saltarás tan alto como para tocar la luna». No necesitas amar al prójimo, ni orar ni seguir a Jesús; sólo toca la luna en virtud de un salto alto y serás salvo.

Nunca lo lograríamos. Hay tal vez unos pocos que saltan un metro o un metro veinte, e incluso algunos que pueden saltar un metro y medio o más; pero comparado con la distancia que tendríamos que saltar, nadie llegaría muy lejos. Aun cuando pudiera saltar diez centímetros más alto que yo, no es razón para jactarse.

Ahora bien, Dios no nos ha pedido que toquemos la luna, pero bien pudiera haberlo hecho. Él dijo: «Sed, pues, vosotros perfectos, como vuestro Padre que está en los cielos es perfecto» (Mateo 5.48). Ninguno de nosotros puede satisfacer la norma de Dios. Como resultado, ninguno merece ponerse la toga, subir al estrado y juzgar a otros. ¿Por qué? Porque no somos lo bastante buenos. Dahmer tal vez salte diez centímetros y quizás tú saltes un metro ochenta, pero comparado con los trescientos sesenta mil kilómetros que faltan, ¿quién puede jactarse?

Pensar en esto es casi cómico. El que salta un metro mira a quien salta cinco centímetros y dice: «Vaya salto más ridículo». ¿Por qué nos enredamos en tales acusaciones? Es una trampa. Mientras pienses en tus debilidades, no tengo que pensar en las mías. Mientras observe tu saltito, no tengo que ser sincero en cuanto al mío. Soy como el hombre que fue a ver al siquiatra llevando una tortuga en la cabeza y una tira de tocino colgándole en cada oreja y le dijo: «Vengo a consultarle acerca de mi hermano».

Es la estrategia universal de la impunidad. Incluso los niños la usan. *Si logro conseguir que papá se enfade más contra mi hermano que contra mí, me libraré.* Por lo tanto acuso. Comparo. Antes que admitir mis faltas, busco faltas en otros. La manera más fácil de justificar los errores de mi casa es hallar peores en la de mi prójimo.

Tales patrañas no resultan con Dios. Lee con cuidado las palabras de Pablo.

Ahora bien, sabemos que el juicio de Dios contra los que practican tales cosas se basa en la verdad. Así que cuando tú, que no eres más que hombre, los juzgas a ellos a pesar de que haces lo mismo, ¿crees que vas a escapar del juicio de Dios? ¿O es que desprecias las riquezas de su bondad, de su tolerancia y de su paciencia, sin darte cuenta de que la bondad de Dios te lleva al arrepentimiento? (Romanos 2.2-4, NVI).

No somos lo bastante buenos como para juzgar. ¿Puede el que padece de hambre acusar al mendigo? ¿Puede el enfermo burlarse del doliente? ¿Puede el ciego juzgar al sordo? ¿Puede el pecador condenar al pecador? No. Solo Uno puede juzgar y ese Uno no está escribiendo ni leyendo este libro.

Razón #2: No sabemos lo suficiente

No solo somos indignos, sino también incompetentes. No sabemos lo suficiente acerca de la persona como para juzgarla. No sabemos lo suficiente en cuanto a su pasado. Condenamos a un hombre por tropezar esta mañana, pero no vimos los golpes que recibió ayer. Juzgamos a una mujer por cojear al caminar, pero no vemos el clavo en su zapato. Nos mofamos del temor que se ve en la mirada, pero no tenemos ni idea de cuántas piedras tuvieron que esquivar ni cuántos dardos que evadir.

¿Son demasiado ruidosos? Tal vez teman que los echen de nuevo a un lado. ¿Son demasiado tímidos? Tal vez teman fracasar otra vez. ¿Demasiado lentos? Tal vez se cayeron la última vez que se apresuraron. No se sabe. Solo uno que siguió ayer sus pasos puede ser su juez.

No solo desconocemos su pasado, sino también su futuro. ¿Nos atrevemos a juzgar un libro con capítulos que aún no se han escrito? ¿Deberíamos dictar un veredicto respecto a una pintura mientras el artista todavía tiene en su mano el pincel? ¿Cómo puede desechar un alma en la que Dios todavía está trabajando? Dios, «que comenzó en vosotros la buena obra, la perfeccionará hasta el día de Jesucristo» (Filipenses 1.6).

¡Cuidado! El Pedro que niega a Jesús junto al fuego esta noche quizás lo proclame con fuego en el Pentecostés de mañana. El Sansón que hoy está ciego y débil quizás use su fuerza final para reducir a escombros los pilares de la impiedad. Un pastor tartamudo en esta generación quizás sea el poderoso Moisés de la siguiente. No llames tonto a Noé, a lo mejor te toca pedirle que te lleve de gratis. «Así que, no juzguéis nada antes de tiempo, hasta que venga el Señor» (1 Corintios 4.5).

A un criminal lo sentenciaron a muerte en su país. En sus momentos finales suplica misericordia. Si le hubiera pedido misericordia al pueblo, se la habría negado. Si la hubiera pedido al gobierno, este hubiera rehusado concedérsela. Si la hubiera pedido a sus víctimas, estas hubieran hecho oídos sordos a su petición. Pero no acudió a estos pidiendo gracia. Acudió más bien a la figura sangrienta de Aquel que colgaba en una cruz junto a la suya y le rogó a Jesús: «Acuérdate de mí cuando vengas en tu reino». Y Jesús le respondió: «De cierto te digo que hoy estarás conmigo en el paraíso» (Lucas 23.43).

Hasta donde sepamos, Jeffrey Dahmer hizo lo mismo. Y hasta donde sepamos, Jeffrey Dahmer recibió la misma respuesta. Y al pensarlo, la petición de Dahmer no es diferente a la tuya ni a la mía. Quizás él la hizo desde una celda en una cárcel y quizá tú la hiciste desde una banca en una iglesia, pero desde la perspectiva del cielo todos estábamos pidiendo la luna.

Y por la gracia del cielo, todos la recibimos.

5 | Religión sin Dios

Romanos 2.17–3.18

He aquí, tú tienes el sobrenombre de judío, y te apoyas en la ley, y te glorías en Dios ... que tienes en la ley la forma de la ciencia y de la verdad. Tú, pues, que enseñas a otro, ¿no te enseñas a ti mismo? ROMANOS 2.17,20-21

Supongamos que te invito a dar un paseo en barco conmigo.

—No sabía que fueras marinero —observas.

—Apuesta lo que quieras a que lo soy —respondo.

—Dime, ¿dónde aprendiste a navegar?

Sonrío con astucia y de mi billetera saco un retrato amarillento. Allí se ve a un marinero de pie en la proa de una goleta.

—Ese es mi abuelo. Navegó hasta el Cabo de Hornos. La navegación la llevo en la sangre. El agua salada corre por mis venas.

—¿Tu abuelo te enseñó cómo hacerlo?

—Por supuesto que no. Murió antes de que yo naciera.

—Entonces, ¿quién te enseñó a navegar?

Saco un libro empastado en cuero y alardeo diciendo:

—Leí el manual.

—¿Leíste un libro sobre cómo navegar?

—Más que eso. Tomé un curso en una universidad básica. Puedo decirte la diferencia entre babor y estribor, y puedo mostrarte la proa y la popa. Puedo atar un nudo de lazo. Debes verme al izar un mástil.

—¿Quieres decir «izar una vela»?

—Como sea. Incluso fuimos a una excursión y conocimos a un verdadero capitán de marina. ¡Le di la mano! Vamos, ¿quieres ir o no?

—Sinceramente, Max, no creo que seas marinero.

—¿Quieres prueba? ¿Quieres la prueba *real*? Mire compañero, tengo un tatuaje r-e-a-l —respondo. Me subo la manga revelando una sirena sentada sobre un ancla—. Mira cómo ella salta cuando doblo el brazo.

No le impresiona.

—¿Esa es toda la prueba que tienes?

—¿Qué más necesito? Tengo el abolengo. Tengo el libro y hasta tengo el tatuaje. ¡Todos a bordo!

Lo más probable es que te quedes en tierra. Incluso un marinero de agua dulce sabe que se necesita más que un árbol genealógico, un curso nocturno o una piel impregnada en tinta para enfrentarse al mar. No le confiarías a un hombre como yo la conducción de tu barco, y Pablo no confiaría en alguien como yo para que condujera su iglesia.

Al parecer, algunos lo intentaron. Ah, no eran del tipo de marinero, sino del tipo religioso. Sus antepasados no fueron compañeros de tripulación; fueron compañeros de banca. No tenían un libro sobre barcos, pero tenían uno llamado la *Torah*. Y sobre todo, tenían el tatuaje; los habían circuncidado. Y se sentían orgullosos; orgullosos de su abolengo, de su Ley y de su iniciación.

Sospecho que también se sentían orgullosos de la carta de

Pablo. Imagínate a la congregación escuchando esta epístola. Judíos en un lado. Gentiles en el otro. ¿No puedes ver a los judíos rebosando de alegría? Pablo habla contra los pervertidos impíos y ellos mueven la cabeza asintiendo. Pablo advierte que la ira divina se dirige contra los hedonistas construyechozas y sonríen. Cuando Pablo, su colega judío, da una zurra a los malos incircuncisos, exclaman en coro: «¡Amén! ¡Predícalo, Pablo!»

Pero entonces Pablo los sorprende.

Aguijoneándoles con el dedo sobre sus pechos inflados les pregunta:

Ahora tú, si llevas el nombre de judío; si dependes de la ley y te jactas de relación con Dios; si conoces su voluntad y apruebas lo que es superior porque eres instruido por la ley; si estás convencido que eres guía de los ciegos, y luz de los están en la oscuridad, instructor de los necios, maestro de niños, porque tienes en la ley la expresión misma del conocimiento y la verdad. (Romanos 2.17-20, NVI)

No se enorgullezcan de su linaje

Lo que estás oyendo no son fuegos artificiales, son bombas. Siete bombas para ser exactos. Siete verbos proyectiles dirigidos, lanzados en medio del legalismo. Escucha cómo explotan.

«*Llevas* el nombre de de judío».

«*Dependes* de la ley y te *jactas* de relación con Dios».

«*Conoces* su voluntad y *apruebas* lo que es superior porque eres instruido por la ley».

«*Estás convencido* que eres guía de los ciegos, y luz de los que están en la oscuridad».

«*Estás convencido* que eres ... instructor de los necios, maestro de niños».

«*Estás convencido* que ... tienes en la ley la expresión misma del conocimiento y la verdad» (véase Romanos 2.17-20).

Pum. Pum. Pum. Cuando los diáconos pensaban que los iban a elogiar, reciben su reprimenda. Pablo les dice: «¡Vaya judíos que son ustedes! Confían en la Ley en vez de confiar en el Legislador y se jactan de tener el monopolio respecto a Dios. Están convencidos de que son parte de unos pocos escogidos que "conocen" (más allá de toda sombra de duda) lo que Dios quiere que hagan. Como si eso no fuera suficiente, "están convencidos" que son la dádiva de Dios para los confundidos y necios. Es más, "están convencidos" que lo saben todo».

Algo me dice que Pablo acaba de arruinar su candidatura al premio de «clérigo del año». El apóstol, sin embargo, está más preocupado por inculcar la idea que por anotar tantos, y su punto para los religiosos amontonapiedras es claro: «No se enorgullezcan de su linaje». Haber nacido con una cuchara de plata en la boca no es ningún prestigio en el cielo. La fe es intensamente personal. En el Reino de Dios no hay ni linaje real ni sangre azul santa.

Viene a mi mente el cuento del hijo del leñador. De alguna manera, el joven se convenció de que había fantasmas en el bosque. Esto molestó al padre que se ganaba la vida entre los árboles y quería que su hijo hiciera lo mismo. Para consolarlo, el padre le dio su bufanda y le dijo: «Los fantasmas me tienen miedo, hijo mío. Ponte mi bufanda y los fantasmas te temerán a ti. La bufanda te hará un leñador».

Y el hijo lo hizo así. Usaba la bufanda con orgullo diciéndole a todo el mundo que lo escuchaba que era un leñador. Sin embargo, nunca se adentró en el bosque ni jamás cortó un árbol, pero debido a que llevaba puesta la bufanda de su padre se consideraba un leñador.

El padre hubiera sido más sabio si le hubiese enseñando a su hijo que no había fantasmas en lugar de enseñarle a confiar en la bufanda.

Los judíos confiaban en las bufandas de sus padres. Cabalgaban en los faldones de su herencia. No importaba que fueran ladrones, adúlteros ni extorsionistas (véase Romanos 2.22-23); aun así se consideraban los pocos escogidos de Dios. ¿Por qué? Porque tenían la bufanda.

Tal vez tú has recibido una bufanda. Tal vez las ramas de tu árbol genealógico están cargadas de santos y profetas. Tal vez naciste en el sótano de una iglesia y te salieron los dientes mordiendo un banco. Si es así, sé agradecido, pero no holgazán. Mejor confiar en la verdad que en la bufanda.

O tal vez no tengas ningún abolengo. Quizás tus antepasados se parezcan más a una hilera en una cárcel municipal que en la nómina de maestros de Escuela Dominical. Si es así, no te preocupes. Así como el abolengo religioso no resulta en la puntuación de bonificación, un linaje secular no produce déficits. Los árboles genealógicos no pueden ni salvarte ni condenarte; la decisión final es tuya.

No confíen en un símbolo

Una vez analizado el problema del linaje, Pablo ahora considera el punto del tatuaje. Dirige su atención a la etiqueta más sagrada de los judíos: la circuncisión. Esta simbolizaba el vínculo que Dios desea tener con su pueblo. Dios pone un cuchillo a nuestra autosuficiencia. Quiere ser parte de nuestra identidad, de nuestra intimidad e incluso de nuestra potencia. La circuncisión proclamaba que para Dios ninguna parte de la vida es demasiado privada ni demasiado personal.

Sin embargo, en lugar de ver la circuncisión como una señal de sumisión, los judíos llegaron a verla como señal de superioridad. Con el correr del tiempo empezaron a confiar en el símbolo más que en el Padre. Pablo hace añicos esta ilusión al proclamar: «Pues no es judío el que lo es exteriormente, ni es la circuncisión la que se hace exteriormente en la carne; sino que es judío el que lo es en lo interior, y la circuncisión es la del corazón, en espíritu, no en letra; la alabanza del cual no viene de los hombres, sino de Dios» (Romanos 2.28-29).

Más adelante Pablo pregunta: «¿*Cuándo* le dio Dios la bendición a Abraham?» (Romanos 4.10, *La Biblia al día*). Importante pregunta. Si Dios aceptó a Abraham sólo después de la circuncisión, Abraham fue aceptado por su mérito y no por fe.

¿Cuál es la respuesta de Pablo? Abraham fue aceptado «antes de hacerse judío, es decir *antes de iniciarse como judío* por medio de la circuncisión» (v. 10, *La Biblia al día*). Dios aceptó a Abraham en Génesis 15 y circuncidado en Génesis 17. Catorce años separan los dos acontecimientos.

Si Dios ya había aceptado a Abraham, ¿por qué lo circuncidaron? Pablo responde a la pregunta en el siguiente versículo: «Él no se circuncidó sino hasta después que Dios prometiera bendecirlo *en virtud de la fe* que tenía. La circuncisión constituyó la señal de que Abraham ya tenía fe» (v. 11, *La Biblia al día*).

El punto de Pablo es crucial: La circuncisión fue simbólica. Su propósito fue mostrar lo que Dios ya había hecho.

Veo un gran ejemplo de esto mientras escribo estas palabras. En mi mano izquierda hay un símbolo: un anillo de oro. Aunque no está muy decorado, no tiene precio. A una linda joven maestra de cuarto grado en una escuela le costó doscientos dólares. Me lo dio el día en que nos casamos. El anillo es símbolo de nuestro amor, una declaración de nuestro amor, una afirmación de nuestro amor, pero no es la fuente de nuestro amor.

Cuando tenemos nuestras peleas o problemas, no me quito el anillo para ponerlo en un pedestal y orar ante él. Tampoco lo froto buscando sabiduría. Si llegara a perder este anillo, me dolería, pero nuestro matrimonio continuaría. Es un símbolo y nada más.

Supongamos que trato de hacer del anillo más de lo que es en realidad. Imagina que me convierto en un marido tirano, cruel e infiel y dejo de suplir las necesidades de Denalyn y no me preocupo por nuestros hijos. Qué tal si un día ella llega al punto de colmársele la paciencia y dice: «No eres un marido para mí. No hay cariño en tu corazón ni devoción en tu vida. Quiero que te vayas».

¿Cómo piensas que ella respondería si replicara: «¿Cómo te atreves a decir tal cosa? Llevo todavía el anillo que me diste. ¡Jamás me lo he quitado, ni por un instante! Cierto es que te he dado golpizas y que te he sido infiel, pero llevo el anillo. ¿No es eso suficiente?»

¿Cuántos piensan que tal defensa la haría pedir disculpas y llorar: «Ay, Max, qué tonta soy. Te has sacrificado tanto al llevar ese anillo todos estos años. Claro que me has golpeado, me has abandonado, me has descuidado, pero me olvidaré de todo eso debido a que siempre has tenido puesto el anillo»?

Tonterías. Jamás diría tal cosa. ¿Por qué? Porque sin amor, el anillo no significa nada. El símbolo representa el amor, pero no puede reemplazarlo. Pablo acusa a los judíos de confiar en el símbolo de la circuncisión mientras descuidaban sus almas. ¿Podría acusarnos del mismo error?

Sustituye un símbolo contemporáneo tal como el bautismo o la Cena del Señor o la membresía de la iglesia.

«Dios mío, sé que nunca pienso en ti. Sé que aborrezco a la gente y engaño a mis amigos. Maltrato mi cuerpo y le miento a mi cónyuge. Pero eso no te importa, ¿verdad? Quiero decir, después de todo, me baucé en el campamento juvenil cuando tenía diez años».

O: «Cada Semana Santa tomo la Cena del Señor».

O: «Mis padres eran presbiterianos de quinta generación».

¿Piensas que Dios diría: «Tienes razón. Nunca piensas en mí ni me respetas. Odias a tu vecino y maltratas a tus hijos, pero puesto que fuiste bautizado, haré la vista gorda a tu rebelión y caminos perversos».

Tonterías. Un símbolo no tiene ningún poder aparte de los que lo tienen una parte en él.

En mi armario tengo una chaqueta del equipo estudiantil de fútbol. Me la gané al jugar ese deporte por dos años en la secundaria. Es también un símbolo. Es símbolo del sudor, del esfuerzo y de largas horas de práctica en la cancha. La chaqueta y una rodilla lastimada son recordatorios de algo que podía realizar hace veinte años. ¿Piensa que si me pongo la chaqueta al instante perderé diez kilogramos de peso y correré mucho más ligero? ¿Piensa que si me pongo la chaqueta y entro en la oficina del entrenador él me extenderá la mano y dirá: «Hemos estado esperando por un jugador como tú. ¡Ve a la cancha y prepárate!»?

Tonterías. La chaqueta es un simple recuerdo de algo que una vez hice. No dice nada respecto a lo que podría hacer hoy. Por sí sola no me transforma, ni fortalece, ni capacita.

Tampoco lo hace tu linaje si eres un descendiente de Juan Wesley.

Tampoco lo hace tu participación en la Cena del Señor, aun cuando tomes una doble porción del pan.

Tampoco lo hace tu bautismo, aun cuando te hayas sumergido en el río Jordán.

Por favor, comprende. Los símbolos son importantes. Algunos, tales como el bautismo y la Cena del Señor, ilustran la cruz de Cristo. Simbolizan la salvación, demuestran la salvación, incluso articulan la salvación. Pero no imparten salvación.

Confiar en un símbolo es como afirmar ser marinero por tener un tatuaje o ser un buen esposo por llevar un anillo en el dedo o ser jugador de fútbol por tener una chaqueta deportiva.

¿Piensas sinceramente que Dios salvaría a sus hijos basándose en un símbolo?

¿Qué clase de Dios miraría a un hipócrita religioso y diría: «Nunca me has querido, ni me has buscado ni obedecido, pero debido a que tu nombre consta en el registro de una iglesia en la denominación correcta, te salvaré»?

Por otro lado, ¿qué clase de Dios miraría al buscador sincero y diría: «Dedicaste tu vida a amarme y a amar a mis hijos. Me entregaste tu corazón y confesaste tus pecados. Con gran anhelo quiero salvarte. Lo lamento, tu iglesia celebró la Cena del Señor demasiadas veces en el mes. Debido a un tecnicismo, estás perdido para siempre en el infierno».

Tonterías. Nuestro Dios abunda en amor y es firme en misericordia. Nos salva, no porque confiemos en un símbolo, sino porque confiamos en un Salvador.

Por favor, toma nota que Pablo no ha cambiado de tema; solo ha cambiado de público. Su tema es todavía la tragedia de una vida sin Dios. «La ira de Dios se revela desde el cielo contra toda impiedad» (Romanos 1.18).

Desde la perspectiva de Dios no hay ninguna diferencia entre el impío fiestero, el impío acostumbrado a señalar con el dedo y el impío que se sienta en una banca en una iglesia. La pandilla, el clan del tribunal y el coro de la iglesia necesitan el mismo mensaje: Sin Dios todos están perdidos.

O como Pablo resume:

Bueno, ¿somos los judíos mejores que los demás? En ninguna manera. Ya les he demostrado que todos los hombres son pecadores, ya sean judíos o gentiles. Como dicen las Escrituras: «Nadie es bueno, nadie en lo absoluto». Nadie ha llegado a conocer de verdad los senderos de Dios, ni nadie ha querido de veras conocerlos. (Romanos 3.9-11, *La Biblia al día*).

Así como el linaje, leyes y tatuajes no me hacen marinero;

la herencia, los ritos y las ceremonias no me hacen cristiano. «Dios justifica al creyente, no por lo digno de su creencia, sino debido a lo digno [de Cristo]».[1]

No traten de hacer lo que solo Dios puede hacer

Regresemos a mi invitación a dar un paseo en barco. Sé que dije que tal vez no me acompañarías, pero supongamos que no eres tan listo como pareces y que aceptas la invitación y te embarcas.

Empiezas a preocuparte al notar que izo la vela apenas unos pocos centímetros en el mástil. Piensas incluso que es más extraña la posición en que me coloco detrás de la vela parcialmente izada y empiezo a soplar.

—¿Por qué no izas toda la vela? —preguntas.

—Porque no puedo soplar en toda la vela —digo jadeando.

—Deja que el viento la hinche —instas.

—Ah, no, no puedo hacerlo. Yo haré que el barco avance.

Esas son las palabras de un legalista, jadeando y resoplando para impulsar su barco hasta el cielo. (¿Alguna vez te has preguntado por qué a tanta gente religiosa parece faltarle el aliento?)

Con el tiempo llegamos hasta el mar abierto y se desata una poderosa tormenta. La lluvia azota la cubierta y el barquito sube y baja en el oleaje.

—Voy a echar el ancla —grito.

Sientes alivio al ver que por lo menos sé dónde está el ancla, pero te quedas estupefacto al ver dónde la pongo. Primero, tomo el ancla y la pongo cerca de la proa.

—Eso debe estabilizar el barco —grito.

Pero, desde luego, no lo hace. Luego llevo el ancla a la popa.

---

1 De «Definition of Justification» [Definición de la justificación] en Richard Hooker, *Ecclesiastical Policy* [Sistema eclesiástico], según cita Stott, *Romans: God's Good News for the World* [Romanos: Las buenas noticias de Dios para el mundo], p. 118.

—¡Ahora estamos seguros!

Pero el bamboleo continúa. Cuelgo el ancla al mástil, pero tampoco sirve de nada. Por último, lleno de miedo y frustración, tomas el ancla, la echas al mar y exclamas:

—¡No sabes que tienes que fijar el ancla en algo que no seas tú mismo!

Un legalista no lo sabe. Se ancla a sí mismo. Su seguridad procede de lo que hace; su linaje, su ley y su tatuaje. Cuando la tormenta sopla, el legalista echa el ancla en sus obras. Se salva a sí mismo. Después de todo, ¿no se halla en el mejor grupo? ¿No tiene la buena ley? ¿Y no ha pasado la iniciación apropiada? (¿Alguna vez te has preguntado por qué tanta gente religiosa vive vidas tan tempestuosas?)

He aquí el punto: La salvación es asunto de Dios.

¿Recuerdas la parábola del río? El primer hermano, el hedonista, construyó una choza y la llamó una mansión. El segundo hermano, el criticón, lo vio y lo tildó de impío. El tercer hermano, como legalista, amontonó piedras y confiaba en su propia fuerza. Representa al religioso impío que acumula sus buenas obras contra la corriente pensando que lograrán abrir sendero río arriba. Al final, los tres rechazan la invitación del primogénito y todos están igualmente distantes del padre.

El mensaje de la parábola y el mensaje de Pablo en Romanos es el mismo: Dios es el que salva a sus hijos. Solo hay un nombre bajo el cielo que tiene poder para salvar y ese nombre no es el tuyo.

Sin que importe la sirena en tu tatuaje.

¡QUÉ DIOS!

Reflexiona en lo que Dios logró.

No condona nuestro pecado, ni transige con sus normas.

No pasa por alto nuestras rebeliones, ni suaviza sus demandas.

En vez de echar a un lado nuestro pecado, lo asume y —¡en qué cabeza cabe!— se autosentencia.

La santidad de Dios se honra. Nuestro pecado se castiga... y somos redimidos.

Dios hace lo que nosotros no podemos hacer para que seamos lo que ni siquiera nos atrevemos a soñar ser: perfectos ante Dios.

6

Llamamiento a los cadáveres

Romanos 3.21-26

Todos se desviaron, a una se hicieron inútiles; no hay quien haga lo bueno, no hay ni siquiera uno ... Para que toda boca se cierre y todo el mundo quede bajo el juicio de Dios. ROMANOS 3.12,19

Hace unas cuantas semanas viajé a otro estado para buscar a mis dos hijas mayores. Habían pasado una semana en un campamento. No era la primera vez que iban, pero era el primero tan lejos de casa. El campamento fue excelente y las actividades magníficas, pero sus corazones estaban afligidos. Echaban de menos a mamá y a papá. Y mamá y papá no se sentían muy bien tampoco.

No queriendo correr el riesgo de algún vuelo retrasado, viajé temprano en la mañana. No se permitía que los padres vieran a sus hijos antes de las cinco de la tarde, de modo que disfruté de la zona, visité algunos lugares mientras vigilaba el reloj. Mi propósito no era hacer turismo. Mi propósito era buscar a mis hijas.

Llegué al campamento a las tres de la tarde. Una soga atravesaba el terraplén y

69

un letrero que colgaba de esa soga me hizo recordar: «Los padres no pueden entrar antes de las cinco de la tarde».

No era el único frente a esa cuerda. Otros padres estaban allí. Hubo muchas ojeadas a los relojes. Ninguna conversación seria, solo lo esperado: «¿Cómo está usted?» «¿Dónde vive?» «¿Y cuántos hijos tiene?» Ninguna otra cosa aparte de eso. Nuestras mentes estaban más allá de ese terraplén. Alrededor de las cuatro y media noté que unos pocos padres se colocaban más cerca de la soga. Sin querer quedarme atrás, hice lo mismo. Aun cuando la mayoría de los lugares ya estaban ocupados, había espacio para un padre más. Me adelanté a una madre que no se había dado cuenta de que habían llamado a los caballos a la pista. Lo lamenté por ella, pero no lo suficiente como para cederle mi lugar.

Faltando cinco minutos, la conversación se acabó. Nada de juegos ahora; esto iba en serio. Los automóviles estaban en la pista. Los corredores en los bloques de arranque. El conteo descendente estaba en marcha. Todo lo que necesitábamos era que alguien bajara la cuerda.

Dos consejeros del campamento aparecieron para hacer los honores. Sabían mejor que nadie que si tomaban uno de los extremos de la cuerda y cruzaban el camino para permitir la entrada a los padres hubiera sido fatal; no hubiesen sobrevivido a la estampida. En vez de exponer sus vidas, cada uno tomó uno de los extremos de la cuerda y a una señal convenida de antemano, la dejaron caer al suelo. (Ya lo habían hecho así antes.)

¡Y arrancamos!

Estaba listo para este momento. Había esperado demasiado. Empecé a caminar con paso vivo, pero con el rabillo del ojo vi que uno de los padres empezaba a trotar. *Conque así van las cosas, ¿verdad?* Qué bueno que tenía puestas mis zapatillas deportivas. Eché a correr. Basta de preliminares. La hora había sonado, la cuerda se había bajado y estaba dispuesto a hacer lo que fuera necesario para ver a mis hijas.

Dios se siente de la misma manera. Está listo para ver a los suyos. Él, también, está separado de sus hijos y hará lo que sea necesario para llevarlos a casa. Sí, su deseo deja al nuestro comiendo polvo. Olvídate de viajes en avión y automóviles alquilados; estamos hablando de encarnación y sacrificio. Olvídate de una noche en un hotel; ¡qué tal una vida entera aquí en la tierra! Viajé desde el estado de Texas al de Missouri. Él pasó de ser adorado en el cielo a ser un bebé en Belén.

¿Por qué? Él sabe que sus hijos están sin padre y que somos incapaces de regresar sin su ayuda.

Pecado, problema universal

Pero lo que nos separa de Dios no es una soga ni las normas del campamento. Lo que nos separa de Dios es el pecado. No tenemos la fuerza suficiente como para quitarlo ni somos lo bastante buenos como para borrarlo. Por sobre todas nuestras diferencias hay un problema del que todos participamos. Estamos separados de Dios.

«*No hay* justo, *ni aun uno; no hay quien* entiende. *No hay quien* busque a Dios. Todos se desviaron, a una se hicieron inútiles; *no hay quien* haga lo bueno, no hay *ni siquiera uno*» (Romanos 3.10-12, cursivas mías).

¿Te parece que Pablo trata de decirnos algo?

Cada persona en esta tierra de Dios lo ha arruinado todo. Los hedonistas lo arruinaron porque se centraron en el placer y no en Dios. Los criticones lo arruinaron porque su pensamiento estaba en las alturas, pero no en Dios. Los legalistas lo arruinaron porque su impulso eran las obras y no la gracia.

Los construyechozas quieren placer, los buscafaltas quieren impunidad, los amontonapiedras quieren piedad. Los primeros desdeñan a Dios, los segundos tratan de distraer a Dios y los terceros esperan reembolsar a Dios. Pero todos pierden a Dios. Todos están sin Dios.

Ninguno es como el cuarto hijo que dependió del plan del padre para regresar al hogar.

La muerte, condición universal

Esta es la gran deficiencia de la humanidad. Estamos muy lejos de nuestro Padre y no tenemos ni idea de cómo regresar a casa.

Escucha cómo Pablo asume el papel del médico forense municipal y describe el cadáver del pecador.

«Sepulcro abierto es su garganta».

«Con su lengua engañan».

«Veneno de áspides hay debajo de sus labios».

«Su boca está llena de maldición y de amargura».

«Sus pies se apresuran para derramar sangre» (véase Romanos 3.13,14,16).

¡Qué anatomía más repulsiva! Gargantas como sepulcros abiertos. Lenguas llenas de engaño. Labios de víboras. Bocas llenas de palabrotas. Pies que marchan hacia la violencia. Y para resumirlo, Pablo presenta la causa de todo: «No hay temor de Dios delante de sus ojos» (Romanos 3.18).

El pecado infecta a la persona entera, desde los ojos hasta los pies. No solo el pecado contamina a cada ser humano, sino que contamina el ser de cada humano. Un poco después, Pablo lo dirá con más claridad: «La paga del pecado es muerte» (Romanos 6.23).

El pecado es una enfermedad mortal.

El pecado nos ha sentenciado a una muerte lenta y dolorosa.

El pecado le hace a una vida lo que las tijeras a una flor. Un corte en el tallo separa a la flor de la fuente de su vida. En un principio, la flor es atractiva, todavía llena de color y vitalidad. Pero observa esa flor cuando pasa el tiempo y verás cómo las hojas se marchitan y los pétalos se caen. No importa lo que hagas, la flor jamás volverá a vivir. Cúbrela con agua. Hunde su tallo en tierra. Riégale abono. Pégala con pegamento de nuevo a su tallo. Intenta lo que quieras. La flor está muerta.

Cuando el dictador chino Mao Tse-Tung murió en 1976, a su médico, el Dr. Li Zhisui, se le encomendó una tarea imposible. El politburó exigió: «El cuerpo del jefe debe preservarse para siempre». El personal objetó. El médico objetó. Ya había visto los restos secos y encogidos de Lenin y Stalin. Sabía que un cuerpo sin vida está condenado a podrirse.

Pero tenía sus órdenes. Con una bomba introdujeron veintidós litros de formaldehído al cadáver. El resultado fue horripilante. La cara de Mao se hinchó como una pelota y su cuello quedó del mismo grosor que su cabeza. Sus orejas sobresalían en ángulo recto y el líquido químico supuraba por los poros. Un equipo de embalsamadores trabajó por cinco horas con toallas y bolas de algodón para meter a la fuerza los líquidos dentro del cadáver. Finalmente la cara parecía normal, pero el pecho estaba tan hinchado que tuvieron que cortar su chaqueta por la espalda y cubrir su cuerpo con la bandera roja del partido comunista.

Eso bastó para su funeral, pero las autoridades superiores querían que el cuerpo se preservara para siempre en un mausoleo en la plaza Tiananmen. Por un año el Dr. Zhisui supervisó a un equipo que trabajaba en un hospital subterráneo tratando de mantener los restos. Pero debido a la futilidad de la tarea, un oficial del gobierno ordenó que se hiciera una figura de cera idéntica. Tanto el cuerpo como la réplica se llevaron al mausoleo en la Plaza Tiananmen. Decenas de miles vinieron para desfilar frente a un ataúd de cristal y rendir su homenaje al hombre que gobernó en China veintisiete años. Pero incluso el médico no supo si veía a Mao o al muñeco de cera.[1]

¿No hacemos nosotros lo mismo? ¿No es esa la ocupación de la humanidad? ¿No es esa la esperanza del adicto al trabajo? ¿No es esa la aspiración del codicioso, del ávido de poder y del adúltero? ¿No bombear formaldehído a un cadáver, sino bombear vida al alma?

Engañamos a la gente lo suficiente como para impulsarnos a persistir un poco más intentándolo. Algunas veces ni siquiera sabemos si la gente ve al ser real o una figura de cera.

Una flor muerta no tiene vida.

Un cuerpo muerto no tiene vida.

Un alma muerta no tiene vida.

El alma se marchita y muere si está separada de Dios. La consecuencia del pecado no es un mal día ni un mal aspecto, sino un alma muerta. La señal de un alma muerta es clara: labios llenos de veneno y bocas groseras, pies que llevan a la violencia y ojos que no ven a Dios.

Ahora sabes por qué la gente puede ser tan ruin. Sus almas están muertas. Ahora sabes por qué algunas religiones pueden ser tan opresivas. No tienen vida. Ahora comprendes por qué el traficante de drogas puede dormir por la noche y el dictador puede vivir con su conciencia. No la tiene.

La obra final del pecado es matar el alma.

Necesitamos un milagro

Al ver el problema, ¿no vemos la solución? La solución no es más gobierno, ni más educación, ni más formaldehído en el cadáver. La solución tampoco es más religión; ritos y doctrinas de hombres quizás den la apariencia de volver a pegar la flor al tallo, pero no pueden hacerlo. No necesitamos más religión;

---

1   Dr. Li Zhisui, «The Private Life of Chairman Mao» [La vida privada del jefe Mao], *US News and World Report*, 10 de octubre de 1094, pp. 55-90.

necesitamos un milagro. No necesitamos a alguien que disfrace a los muertos; necesitamos a alguien que resucite a los muertos. Romanos 3.22 presenta a ese «alguien».

Pero antes de leer el versículo, quiero hacer una pausa y advertirte: Prepárate para su sencillez. No hay necesidad de hervir pociones mágicas. Las ceremonias complicadas son innecesarias. No hacen falta tratamientos complejos. No se exigen tortuosas horas de rehabilitación. La solución de Dios a nuestra enfermedad es asombrosamente sencilla.

Antes de leer el versículo también tengo que hacer una pausa y preguntar: ¿No te alegras de que la carta no concluyó con los versículos 19 y 20? «Pero sabemos que todo lo que la ley dice, lo dice a los que están bajo la ley, para que toda boca se cierre y todo el mundo quede bajo el juicio de Dios; ya que por las obras de la ley ningún ser humano será justificado delante de Él; porque por medio de la ley es el conocimiento del pecado».

¿No te alegras de que Pablo no dejó el cadáver sobre la mesa? ¿No te alegras de que el apóstol no describió la condición sin mostrar la solución de Dios? No te afanes. De eso no hay peligro. Un tren de carga no podría haber evitado que Pablo escribiera el siguiente versículo. Estas palabras son las que él ha estado esperando escribir. Las siguientes líneas son la razón de la epístola e incluso la razón de su vida.

Por sesenta y un versículos nos hemos sentado con Pablo en un salón en penumbras mientras él describe la fatalidad del pecado. Toda vela se ha consumido hasta la mecha. Toda lámpara se ha quedado sin aceite. Hay una chimenea, pero no hay leña. Hay una lámpara, pero no hay llama. Hemos rebuscado en cada rincón y no hemos hallado luz alguna. Incapaces de ver siquiera la mano frente a nuestras narices, todo lo que podemos hacer es quedarnos mirando la noche. No nos damos cuenta que Pablo se ha movido poco a poco hasta una ventana y colocado su mano en el pestillo. Cuando nos preguntamos si hay alguna al alcance, Pablo abre de par en par las ventanas y anuncia: «Pero Dios nos ha mostrado ahora una forma de ir al cielo» (v. 21, *La Biblia al día*).

> Pero ahora, aparte de la ley, se ha manifestado la justicia de Dios, testificada por la ley y por los profetas; la justicia de Dios por medio de la fe en Jesucristo, para todos los que creen en Él. Porque no hay diferencia, por cuanto todos pecaron, y están destituidos de la gloria de Dios, siendo justificados gratuitamente por su gracia, mediante la redención que es en Cristo Jesús, a quien Dios puso como propiciación por medio de la fe en su sangre, para manifestar su justicia, a causa de haber pasado por alto, en su paciencia, los pecados pasados» (vv. 21-25).

La ganancia inesperada del hombre

Cuando éramos jóvenes nos gustaba jugar al fútbol entre los muchachos del barrio. En cuanto llegábamos de la escuela, dejábamos los libros y nos lanzábamos a la calle. El muchacho, que vivía en la casa frente a la mía, tenía un papá con un brazo muy fuerte y gran adicción a este deporte. Tan pronto como llegaba de su trabajo, empezábamos a llamarlo a gritos para que viniera a jugar con nosotros. Él no podía resistir. Para ser equitativo siempre preguntaba: «¿Cuál equipo está perdiendo?» Entonces se unía a ese equipo, que con frecuencia era el mío.

Su presencia en el conjunto cambiaba por completo el juego. La confianza le salía por los poros, era fuerte, pero sobre todo, tenía un plan. Nos reuníamos en círculo alrededor de él y se quedaba viéndonos y nos decía: «Está bien, muchachos. Esto es lo que vamos a hacer». El equipo contrario empezaba a rezongar incluso antes de que nosotros rompiéramos el círculo. Lo ves, ahora no solo que teníamos un nuevo plan, sino que teníamos un nuevo líder.

Traía nueva vida al equipo. Dios hace precisamente lo mismo. No necesitábamos un nuevo juego; necesitábamos un nuevo plan. No necesitábamos cambiar de posiciones; necesitábamos un nuevo jugador. Ese jugador es Jesucristo, el primogénito de Dios.

«Aun estando nosotros muertos en pecados, nos dio vida juntamente con Cristo» (Efesios 2.5). La solución de Dios no es preservar a los muertos, sino revivificarlos. «De modo que si alguno está en Cristo, nueva criatura es; las cosas viejas pasaron; he aquí todas son hechas nuevas» (2 Corintios 5.17).

Lo que Jesús hizo con Lázaro está dispuesto a hacerlo con nosotros. Es bueno saberlo porque lo que dijo Marta en cuanto a Lázaro puede decirse también respecto a nosotros: «Señor, hiede ya, porque es de cuatro días» (Juan 11.39). Marta hablaba por todos nosotros. El género humano está muerto y hiede. Hemos estado muertos y sepultados por largo tiempo. No necesitamos a alguien que nos arregle; necesitamos a alguien que nos resucite. En el lodo y el estiércol de lo que llamamos vida hay muerte, y hace tanto tiempo que hemos estado en ella, que nos hemos acostumbrado a su hedor. Pero Cristo no.

Y Cristo no puede soportar el pensamiento de que sus hijos se estén pudriendo en el cementerio. De modo que viene y nos llama fuera. Somos el cadáver y Él es el que llama a cadáveres. Somos los muertos y Él es el que levanta muertos. Nuestra tarea no es levantarnos, sino admitir que estamos muertos. Los únicos que se quedarán en la tumba son los que no piensan que están allí.

La piedra se ha quitado.

—¡Lázaro! —exclama Él.

»¡Lorenzo! ¡Susana! ¡Horacio! ¡Salgan! —llama Él.

—¡Andrea! ¡Jenna! ¡Aquí estoy! —gritaba yo mientras corría por el camino en el campamento. (Yo gané la carrera.)

Divisé primero a Andrea. Estaba debajo de un toldo preparándose para practicar ejercicios de gimnasia. La llamé de nuevo.

—¡Papito! —exclamó ella y saltó a mis brazos.

No había garantía que respondiera. Aun cuando había volado más de mil kilómetros, alquilado un automóvil y esperado una hora, ella podía haberme visto y, ¡Dios no lo quiera!, haberme olvidado. Algunos niños han crecido demasiado como para echarse corriendo a los brazos de sus padres frente a sus amigos.

Pero también hay quienes están hastiados de la comida del campamento y del repelente de mosquitos como para saltar de alegría al ver a su padre. Tal fue el caso de Andrea.

En un instante Andrea había pasado de sentirse nostálgica por extrañar su casa a sentirse contenta. ¿Por qué? Solo había una diferencia. Su padre había venido a llevarla a casa.

7 Donde el amor y la justicia se encuentran

Romanos 3.21-25

Pero ahora, aparte de la ley, se ha manifestado la justicia de Dios, testificada por la ley y por los profetas; la justicia de Dios por medio de la fe en Jesucristo. ROMANOS 3.21-22

Me alegro de que la carta no venía del cielo. Procedía de la compañía de seguros de automóviles, la ex compañía que aseguraba nuestros vehículos. No los dejé; ellos me botaron. No por dejar de pagar las primas; todavía había tiempo y me puse al día. No por echar a un lado el papeleo; cada documento se firmó y entregó. Me dejaron porque cometí demasiadas faltas.

La carta empezaba diplomáticamente diciéndome que mi historial estaba bajo revisión.

Tenemos en nuestras manos los expedientes de vehículos a motor que indican una violación por exceso de velocidad de Max Lucado en diciembre y enero y un accidente sin culpa de Denalyn Lucado en diciembre. Expedientes adicionales indican multas adicionales para el Sr. Lucado en abril y para la Sra. Lucado en diciembre del siguiente año.

79

Ahora bien, soy el primero en admitir que Denalyn y yo tenemos la tendencia a tener el pie un poco pesado y a ser descuidados. Es más, por eso tenemos seguros.

¿No son las faltas en mi historial una indicación de que soy un cliente que vale la pena? Todo eso del negocio de seguros, ¿no se inventó para gente como yo? Mis rozamientos y choques ligeros, ¿no ponen comida en la mesa de algún agente ajustador? Si no fuera por mis equivocaciones, ¿cómo ejercerían los actuarios?

Mi pensamiento inicial fue que la compañía me escribía para felicitarme por ser un buen cliente. *Tal vez me escriban para invitarme a un banquete o decirme que me he ganado algún premio*, pensé.

La carta continuaba documentando otros secretos de nuestro pasado.

Nuestros registros indican que el 18 de noviembre pagamos por arreglar el daño a otro vehículo cuando Max Lucado retrocedió y chocó contra otro automóvil en el aparcamiento.

La doble aparición de la palabra *otro* me alarmó. «Otro» vehículo. «Otro» automóvil. ¡Alguien está contando! Tal vez tenga que instarles a que lean 1 Corintios 13.5: «El amor ... no guarda rencor». La carta continuaba con otro conjunto de «otros».

En abril pagamos para arreglar otro vehículo cuando Denalyn Lucado chocó contra la parte posterior de otro vehículo en una señal de Pare en una intersección.

«¡Pero ella le estaba dando el biberón a la nena!», dije defendiéndola sin tener quien me escuchara. Denalyn estaba frente el semáforo. Sara dejó caer su biberón al piso y empezó a llorar, de modo que Denalyn se inclinó para recoger el biberón y así golpeó al automóvil que se hallaba frente al de ella. Equivocación inocente. Podría pasarle a cualquiera.

¿Y la ocasión en que retrocedí y choqué contra otro carro? ¡Yo lo informé! Fui el que volvió al edificio, buscó al dueño y le dijo lo que había hecho. Confesé mi falta. Hice mi parte. Podía haber chocado contra ese automóvil y haber continuado mi camino, lo cual, para ser franco, consideré hacerlo pero no lo hice. ¿Debería haberles dicho también 1 Juan 1.9? «Si confesamos nuestros pecados, Él es fiel y justo para perdonar nuestros pecados».

¿No se me da crédito por ser sincero?

Es evidente que no. Lee la conclusión de la carta.

En vista de la información anterior, no renovaremos su póliza de seguro de automóviles. La póliza terminará a las 12:01 a.m., hora estándar, el 4 de enero. Lamento que nuestra respuesta no pueda ser más favorable. Para protección suya, le instamos a que obtenga otra póliza de seguros para evitar cualquier demora en su cobertura.

Un momento. Déjame ver si comprendo bien esto. Compré un seguro para cubrir mis equivocaciones. Pero luego me dejan por cometer equivocaciones. ¡Caramba! ¿Me perdí algo? ¿Acaso no leí alguna nota al pie? ¿Pasé por alto la letra menuda en el contrato?

¿Acaso dejé de leer un párrafo que dice: «Nosotros, la susodicha compañía consideraremos a Max Lucado asegurable hasta cuando él demuestre ser una persona que necesita seguros, en cuyo momento su cobertura cesa»?

¿No es acaso como el médico que trata solo a pacientes sanos? ¿O el dentista que cuelga en su ventana un letrero: «Nada de caries, por favor»? ¿O el maestro que castiga al alumno que hace demasiadas preguntas? ¿No es como llenar los requisitos para recibir un préstamo al demostrar que no lo necesita? ¿Qué tal si el departamento de bomberos dice que te protegerá *hasta* que tengas un incendio? ¿Qué tal si el guardaespaldas dice que te protegerá *a menos* que haya alguien que te persiga? ¿O el salvavidas que dice que te vigilará a menos que empieces a ahogarte?

O, ¿qué tal si, Dios no lo quiera, el cielo tuviera limitaciones respecto a tu cobertura? ¿Qué tal si recibes una carta de la División de Seguros de las Puertas de Perlas que dice:

Estimada Sra. Pérez:

Le escribo en respuesta a su petición de perdón hecha esta mañana. Lamento informarle que usted ha excedido ya su cuota de pecados. Nuestros registros muestran que, desde que empezó a usar nuestros servicios, ha errado siete veces en el área de la codicia y su vida de oración deja mucho que desear comparada con otras de su misma edad y circunstancias.

Una revisión adicional revela que su comprensión de la doctrina está por debajo del veinte porciento y que tiene excesiva tendencia al chisme. Debido a sus pecados usted es una candidata de alto riesgo para el cielo. Su comprensión de la gracia tiene estos límites. Jesús le envía sus saludos más sinceros y amables y espera que usted pueda encontrar alguna otra forma de cobertura.

Muchos temen recibir una carta así. Algunos se preocupan pensando haberla recibido ya. Si una compañía de seguros no puede cubrir mis faltas involuntarias, ¿puedo esperar que Dios cubra mi rebelión intencional?

Pablo contesta a la pregunta con lo que John Stott llama «la más impresionante declaración en Romanos».[1] Dios justifica al impío. «Al que no obra, sino cree en aquel que justifica al impío, su fe le es contada por justicia» (Romanos 4.5). ¡Qué afirmación más increíble! Una cosa es justificar a los buenos, ¿pero a los malos? Podemos esperar que Dios justifique a los decentes,

---

1 Stott, *Romans: God's Good News for the World* [Romanos: Las buenas noticias de Dios para el mundo], p. 112.

¿pero a los asquerosos? Sin duda, se provee cobertura para el conductor con historial limpio, ¿pero al que excede el límite de velocidad? ¿Al que lo multan? ¿Al cliente de alto riesgo? ¿De qué manera puede haber justificación para el malo?

La dirección de la gracia

No la hay. No puede proceder del mundo. Debe venir del cielo. El hombre no tiene recurso, pero *Dios nos ha mostrado ahora una forma...*

Hasta este punto, en la carta de Pablo, todos los esfuerzos en cuanto a la salvación han sido de la tierra hacia arriba. El hombre ha inflado su globo con su aire caliente y no ha sido capaz de dejar la atmósfera. Nuestras excusas de desconocimiento son inexcusables (Romanos 1.20). Nuestras comparaciones con otros no son permisibles (2.1). Nuestros méritos religiosos son inaceptables (2.29). La conclusión es inevitable: Salvarnos a nosotros mismos sencillamente no resulta. El ser humano no tiene ninguna manera de salvarse a sí mismo.

Pero Pablo anuncia que *Dios tiene su forma.* Donde el hombre falla, Dios sobresale. La salvación viene del cielo hacia abajo, no de la tierra hacia arriba. «Nos visitó *desde lo alto* la aurora» (Lucas 1.78). «Toda buena dádiva y todo don perfecto desciende de lo alto, del Padre de las luces» (Santiago 1.17).

Por favor, toma nota: Dios da la salvación, Dios la impulsa, Dios la fortalece y Dios la origina. El don no es del hombre a Dios. Es de Dios al hombre. «En esto consiste el amor: no en que nosotros hayamos amado a Dios, sino en que Él nos amó a nosotros, y envió a su Hijo en propiciación por nuestros pecados» (1 Juan 4.10).

Dios crea la gracia y la da al hombre. «Rociad, cielos, de arriba, y las nubes destilen la justicia; ábrase la tierra, y prodúzcanse la salvación y la justicia; háganse brotar juntamente. Yo Jehová lo he creado» (Isaías 45.8).

En base a este solo punto el cristianismo queda aparte de cualquier otra religión del mundo. «Ningún otro sistema, ideología ni religión proclama un perdón gratuito y una nueva vida para los que no han hecho nada para merecerlo, sino que más bien merecen juicio».[2]

Para citar a John MacArthur: «En cuanto al camino de salvación, hay solo dos religiones que el mundo jamás ha conocido ni jamás conocerá: La religión de cumplimiento divino que es el cristianismo bíblico, y la religión de realización humana que incluye toda otra forma de religión, cualquier nombre que tome esta».[3]

Cualquier otro acercamiento a Dios es un sistema de trueque; si yo hago esto, Dios hará aquello. O bien soy salvo por obras (lo que hago), por emociones (lo que experimento), o por conocimiento (lo que sé).

En contraste, el cristianismo no tiene en lo absoluto regateo ni negociación. El hombre no es el negociador; a decir verdad, no tiene ninguna base desde la cual negociar.

Los que están más cerca de Dios lo han comprendido. Los que tienen más intimidad con Él jamás se han jactado de sus obras; es más, sienten profundo disgusto por el solo pensamiento de autosalvación. Describieron el legalismo en términos repulsivos. Isaías dijo que nuestra justicia es «como trapos de inmundicia» refiriéndose a las toallas higiénicas menstruales (Isaías 64.6). Pablo equiparó nuestras credenciales religiosas con el montón de estiércol que evita en el potrero. («Téngolo por estiércol» [Filipenses 3.8, Reina-Valera, Versión 1909].)

Podemos resumir los primeros tres capítulos y medio de Romanos con dos palabras: *Hemos fracasado.*

Hemos intentado llegar a la luna, pero a duras penas hemos

2 *Ibid.*, p. 118.
3 John MacArthur, *The New Testament Commentary of Romans* [Comentario del Nuevo Testamento sobre Romanos], Moody, Chicago, 1991, p. 199.

dejado la tierra. Hemos tratado de atravesar el Atlántico a nado, pero ni siquiera pudimos alejarnos de los arrecifes. Hemos intentado escalar el Everest de la salvación, pero todavía ni siquiera hemos dejado el campamento base ni mucho menos ascendido la ladera del monte. La búsqueda es sencillamente demasiado grande; no necesitamos más provisiones ni músculo ni técnica; necesitamos un helicóptero.

¿Puedes oírlo sobrevolando?

Dios tiene su forma de *justificar a la gente* (véase Romanos 3.21). Es vital que abracemos esta verdad. El sueño más alto de Dios no es hacernos ricos, ni darnos el éxito, hacernos populares ni famosos. El sueño de Dios es justificarnos ante Él.

El dilema de la gracia

¿De qué manera nos justifica Dios? Regresemos a la compañía de seguros y hagamos unas pocas preguntas. Primero: ¿fue injusto que me eliminaran como cliente? No. Tal vez hallé su decisión de mal gusto, desagradable, incluso desconsoladora, pero no puedo llamarla injusta. Hicieron solo lo que dijeron que harían.

Eso fue lo que hizo nuestro Padre. Le dijo a Adán: «Mas del árbol de la ciencia del bien y del mal no comerás; porque el día que de él comieres, ciertamente morirás» (Génesis 2.17). Nada de letra menuda. Nada de agenda oculta. Nada de recovecos ni tecnicismos. Dios no nos ha hecho jugarretas. Ha sido justo. Desde el Edén, la paga del pecado ha sido la muerte (Romanos 6.23).

Así como el conducir de forma imprudente tiene sus consecuencias, también las tiene la vida imprudente. Así como no tengo defensa ante la compañía aseguradora, no tengo defensa ante Dios. Mi historial me acusa. Mi pasado me declara culpable.

Ahora bien, supongamos que el fundador y dirigente ejecutivo de la compañía de seguros decidió tener misericordia de mí. Supongamos que, por alguna razón, quería tenerme como cliente. ¿Qué podría hacer? ¿Podría sencillamente hacer la vista gorda y considerar que no cometí errores? ¿Por qué no toma mi historial de conducción y lo hace pedazos? Dos razones.

Primera, la integridad de la compañía se pondría en aprietos. Tendría que rebajar las normas de la organización, algo que no puede ni debe hacer. Los ideales de la organización son demasiado valiosos como para abandonarlos. La compañía no puede obviar sus preceptos y seguir siendo íntegra.

Segunda, no se debe estimular los errores del conductor. Si no hay ningún precio por mis equivocaciones, ¿por qué voy a conducir con cuidado? Si el Presidente echa a un lado mis fallas, ¿qué me impedirá conducir como se me antoja? Si está dispuesto a olvidar mis desatinos, ¡continuemos cometiéndolos!

¿Es ese el objetivo del Presidente? ¿Es ese el propósito de su misericordia? ¿Normas rebajadas y conducción calamitosa? No. El Presidente se enfrenta a este dilema: *¿Cómo puedo ser misericordioso y justo al mismo tiempo? ¿Cómo puedo ofrecer gracia sin respaldar los desatinos?*

O diciéndolo en términos bíblicos, ¿cómo puede Dios castigar el pecado y amar al pecador? Pablo lo dice claramente: «La ira de Dios se revela desde el cielo contra toda impiedad e injusticia» (Romanos 1.18). ¿Va Dios a transigir con sus normas para que podamos ser perdonados? ¿Va Dios a hacer la vista gorda y considerar que yo jamás he pecado? ¿Querríamos un Dios que altera las reglas y hace excepciones? No. Queremos un Dios «en el cual no hay mudanza, ni sombra de variación» (Santiago 1.17), y para quien «no hay acepción de personas» (Romanos 2.11).

Además, pasar por alto mi pecado es respaldarlo. Si mi

pecado no tiene su precio, ¡sigamos pecando! Si mi pecado no produce dolor, ¡sigamos pecando! Es más, «¿y por qué no decir (como se nos calumnia y como algunos, cuya condenación es justa, afirman que nosotros decimos): Hagamos males para que vengan bienes?» (Romanos 3.8). ¿Es este el objetivo de Dios? ¿Comprometer su santidad y facilitar nuestra maldad?

Por supuesto que no. Entonces, ¿qué debe hacer Él? ¿Cómo puede ser justo y amar al pecador? ¿Cómo puede ser amoroso y castigar el pecado? ¿Cómo puede satisfacer su norma y perdonar mis errores? ¿Hay alguna forma en que Dios podría hacer honor a la integridad del cielo sin darme la espalda?

La decisión de la gracia

La santidad demanda castigo al pecado. La misericordia insta a que se ame al pecador. ¿Cómo puede Dios hacer ambas cosas? ¿Puedo responder a la pregunta regresando al ejecutivo de la compañía de seguros? Imagínese que me invita a su oficina y me dice lo siguiente:

—Sr. Lucado. He hallado una forma de tratar con sus errores. No puedo fingir que no los veo; hacerlo sería injusto. No puedo considerar que no los cometió; eso sería mentir. Pero esto es lo que puedo hacer. En nuestros expedientes he hallado una persona que tiene un pasado impecable. Jamás ha quebrantado ninguna ley. Ni una sola violación, ni una sola falta, ni siquiera una multa por estacionamiento indebido. Se ha ofrecido voluntariamente a canjear su historial con el suyo. Tomaremos su nombre y lo pondremos en el de esa persona. Tomaremos el nombre de esa persona y lo pondremos en su historial. Ella recibirá el castigo por lo que usted hizo. Usted, que cometió las faltas, quedará justificado. Él, quien hizo lo correcto, quedará como culpable».

¿Mi respuesta?

—¡Usted debe estar bromeando! ¿Quién va hacer tal cosa por mí? ¿Quién es esa persona?

A lo cual el presidente contesta:

—Yo.

Si estás esperando que algún ejecutivo de una compañía de seguros te diga eso, no te ilusiones. No lo hará. No puede hacerlo. Incluso aunque quisiera, no puede hacerlo. No tiene ningún historial perfecto.

Pero si estás esperando que Dios diga esas palabras, ya puedes dejar escapar un suspiro de alivio. Las ha dicho. Él puede. Porque «Dios estaba en Cristo reconciliando consigo al mundo ... Al que no conoció pecado, por nosotros lo hizo pecado, para que nosotros fuésemos hechos justicia de Dios en Él» (2 Corintios 5.19,21).

Te dieron el expediente perfecto de Jesús y el tuyo imperfecto se lo dieron a Cristo. Jesús «padeció una sola vez por los pecados, el justo por los injustos, para llevarnos a Dios» (1 Pedro 3.18). Como resultado, se hace honor a la santidad de Dios y sus hijos son perdonados.

Mediante su vida perfecta, Jesús cumplió las demandas de la Ley. Mediante su muerte, satisfizo las demandas del pecado. Jesús sufrió no por ser pecador, sino como si lo fuera. ¿Por qué otra razón exclamó: «Dios mío, Dios mío, ¿por qué me has desamparado?» (Mateo 27.46).

Reflexiona en lo que Dios logró. No condona nuestro pecado, ni transige con sus normas. No pasa por alto nuestras rebeliones, ni suaviza sus demandas. En vez de echar a un lado nuestro pecado, lo asume y —¡en qué cabeza cabe!— se auto-sentencia. La santidad de Dios se honra. Nuestro pecado se castiga. Y somos redimidos. Dios todavía es Dios. La paga del pecado todavía es muerte. Y nosotros somos hechos perfectos.

Eso es, *perfectos*. «Porque con una sola ofrenda hizo perfectos para siempre a los santificados» (Hebreos 10.14).

Dios justifica (hace perfectos) y entonces santifica (hace santos). Dios hace lo que nosotros no podemos hacer para que seamos lo que ni siquiera nos atrevemos a soñar: perfectos ante Dios. Él justamente justifica al injusto.

¿Y qué hizo Él con nuestro calamitoso historial de conducción? Anuló «el acta de los decretos que había contra nosotros, que nos era contraria, quitándola de en medio y clavándola en la cruz» (Colosenses 2.14).

¿Y cuál debería ser nuestra respuesta? Acudamos una vez más a la compañía aseguradora. Regreso al agente y le pido que busque mi expediente. Así lo hace y se queda contemplando incrédulo la pantalla de la computadora. «Sr. Lucado, tiene un pasado perfecto. Su historial es inmaculado».

¿Mi respuesta? Si soy un pícaro e ingrato, cruzaré mis brazos y diré en tono santurrón: «Tiene razón. No es fácil ser tan grandioso».

Si soy sincero y agradecido, sencillamente sonreiré y le diré: «No merezco tal elogio. A decir verdad, ni siquiera merezco ese expediente. Fue y es una dádiva indecible de gracia».

Dicho sea de paso, conseguí una nueva compañía aseguradora de automóviles. Me cobran un poco más puesto que uno de sus competidores me eliminó. Y, ¿quién sabe? A lo mejor recibo algunas cartas más antes que el asunto concluya.

Mi alma eterna, no obstante, está bajo cobertura divina, y a Jesús no se le conoce por desechar clientes. Se le conoce, sin embargo, por pagar las primas y las ha pagado por toda mi vida. Estoy en buenas manos con Él.

Antes de pasar al siguiente capítulo, permíteme plantear una pregunta. Hay una persona que tiene su mano levantada desde el cuarto párrafo de la página 88. Dígame, señor. Encuentra que esto es demasiado... ¿qué?

Lo lamento, aún no lo entiendo... ¿demasiado bueno para ser qué? ¿Demasiado bueno para ser *verdad*? Ah... pues bien.

No es el primero. A decir verdad, Pablo sabía que muchos de nosotros cuestionaríamos el asunto. Es por eso que escribió Romanos 4. Es por eso que escribí el siguiente capítulo.

¿Discúlpeme? ¿Tiene otra pregunta? Sí, su cara me es familiar. ¿Que me vendió qué? ¿La póliza de seguros? ¿La que canceló después? ¡Uhmmm! Apuesto a que tiene gran dificultad para comprender la gracia.

8 Crédito a quien no se lo merece

Romanos 3.27–4.25

El hombre es justificado por fe sin las obras de la ley. ROMANOS 3.28

¿Recuerda los buenos días de antaño cuando se imprimían a mano los recibos de las tarjetas de crédito? El empleado tomaba el plástico y lo colocaba en la máquina impresora, y *rac-rac*, los números quedaban registrados y la compra realizada. Aprendí a operar un artefacto de esos en una gasolinera en la esquina de Broadway y la Cuarta cuando tenía catorce años. A un dólar por hora limpiaba parabrisas, bombeaba gasolina y verificaba el nivel de aceite. (Sí, Virginia, los ayudantes en las gasolineras hacían todo eso en ese entonces.)

Mi tarea favorita, sin embargo, era imprimir los recibos de las tarjetas de crédito. No hay nada como la sensación de poder que se siente al hacer correr el rodillo sobre el plástico. Siempre me las arreglaba para echarle un vistazo al cliente para verle fruncir el ceño mientras yo *rac-raqueaba* su tarjeta.

Hoy las compras con tarjetas de crédito

no son tan dramáticas. Ahora se pasa la tira magnética por una ranura, o se oprimen los números en un teclado. No hay ruido, ni drama, ni dolor. Que me devuelvan los días del *rac-rac* cuando se anunciaba la compra para que todos la oyeran.

Se compra gasolina, *rac-rac*.

Se adquiere a crédito alguna ropa, *rac-rac*.

Se paga el almuerzo, *rac-rac*.

Si el ruido no le hacía estremecer, el estado de cuenta a fin de mes lo hacía. Treinta días es bastante tiempo para acumular suficientes compras como para descalabrar su presupuesto.

Y una vida entera es suficiente tiempo para acumular en el cielo algunas deudas de envergadura.

Le grita a sus hijos, *rac-rac*.

Codicia el automóvil de su amigo, *rac-rac*.

Envidia el éxito de su vecino, *rac-rac*.

Rompe una promesa, *rac-rac*.

Miente, *rac-rac*.

Pierde los estribos, *rac-rac*.

Se queda dormido leyendo este libro, *rac-rac*, *rac-rac*, *rac-rac*.

Más y más hundido en deudas.

En un inicio intentamos pagar lo que debemos. (¿Recuerdas al «amontonapiedras»?) Toda oración es un cheque que se gira y cada buena obra es un pago que se hace. Si pudiéramos hacer una buena acción por cada acción mala, ¿no se balancearía nuestra cuenta al final? Si pudiera contrarrestar mis palabrotas con elogios, mi lujuria con lealtades, mis quejas con contribuciones, mis vicios con victorias, ¿no quedaría justificada mi cuenta?

Lo sería, excepto por dos problemas.

Primero, no sé *el costo* de cada pecado. Es fácil saber el precio de la gasolina. Sería excelente que fuera tan claro en cuanto al pecado. Pero no lo es. ¿Cuál es, por ejemplo, la multa por enojarse en el tránsito? Me enfurezco contra el hombre que bruscamente mete su automóvil entre el mío y el que va adelante, ¿qué pago por mi crimen? ¿Conducir a setenta kilómetros por hora en una zona con límite de ochenta kilómetros por hora? ¿Saludar con la mano y sonreírles a diez autos consecutivos? ¿Quién sabe? O, ¿qué tal si me levanto de mal genio? ¿Cuál es el costo de un par de horas de desánimo? ¿Asistir al culto del domingo equilibrará una mañana de mal genio hoy? Y, ¿en qué punto empieza el mal genio? ¿Es la multa por el mal humor menor en los días nublados que en los días claros? O, ¿hay cierto número de días al año en que tengo licencia para ser gruñón?

Esto puede ser muy confuso.

No solo que no sé el costo de mis pecados, sino que no siempre sé la *ocasión* de mis pecados. Hay momentos en que peco y ni siquiera lo sé. Tenía doce años cuando comprendí que era pecado odiar al enemigo. Me robaron mi bicicleta cuando tenía ocho años. ¡Odié cuatro años al ladrón! ¿Cómo pago por esos pecados? ¿Se me concede una excepción por desconocimiento?

¿Y qué tal en cuanto a los pecados que cometo sin darme cuenta? ¿Qué tal si alguien, en alguna parte, descubre que es pecado jugar al golf? ¿O qué tal si Dios piensa que la manera en que juego al golf es pecado? Ay, vaya. Tendría serias cuentas que arreglar.

¿Y qué tal de nuestros pecados secretos? Incluso mientras escribo este capítulo estoy pecando. Me gustaría pensar que escribo para la gloria de Dios, pero, ¿lo estoy? ¿Estoy libre de vanidad? ¿Tiene este instrumento como única preocupación el contenido y ninguna por el contenedor? Difícilmente. Me pregunto si la gente estará de acuerdo o si aprobarán, si apreciarán todas las largas, arduas, tediosas, agotadoras, tortuosas horas que humildemente estoy poniendo en estos pensamientos históricos, decisivos.

¿Y qué de ti? ¿Algunos pecados de omisión en el estado de cuenta de este mes? ¿Dejaste pasar alguna oportunidad de hacer el bien? ¿Soslayaste alguna oportunidad de perdonar? ¿Descuidaste una puerta abierta para servir? ¿Aprovechaste *cada* oportunidad para animar a tus amigos?

Rac-rac, rac-rac, rac-rac.

Y hay otras preocupaciones. El período de gracia, por ejemplo. Mi tarjeta de crédito me permite un pago mínimo y luego arrastra el saldo de la deuda al siguiente mes. ¿Lo hace así Dios? ¿Me permitirá pagar el año entrante la codicia de hoy? ¿Qué tal en cuanto al interés? Si dejo mi pecado en la cuenta por varios meses, ¿acumula más pecado? Y hablando del estado de cuenta... ¿dónde está? ¿Puedo verlo? ¿Quién lo tiene? ¿Cómo puedo saldar la mentada cuenta?

Allí está. Esa es la cuestión. ¿Cómo trato con la deuda que tengo con Dios?

¿Negarla? Mi conciencia no me dejará.

¿Encontrar peores pecados en otros? Dios no se dejará engatusar por eso.

¿Pretender inmunidad de linaje? El orgullo familiar no sirve.

¿Tratar de pagarla? Podría, pero eso nos lleva de nuevo al problema. No sabemos el costo del pecado. Ni siquiera sabemos cuánto debemos.

Entonces, ¿qué hacemos? Escucha la respuesta de Pablo en lo que un erudito califica como «posiblemente el párrafo más importante que jamás se ha escrito».[1]

Siendo justificados gratuitamente por su gracia, mediante la redención que es en Cristo Jesús, a quien Dios puso como propiciación

---

1 Dr. Leon Morris, *The Epistle to the Romans* [La epístola a los Romanos], Eerdmans e InterVarsity, Grand Rapids, MI, 1988, según se cita en Stott, *Romans: God's Good News for the World* [Romanos: Las buenas noticias de Dios para el mundo], p. 109.

por medio de la fe en su sangre, para manifestar su justicia (Romanos 3.24-25).

Dicho con más sencillez: El costo de nuestros pecados es más de lo que podemos pagar. La dádiva de Dios es más de lo que podemos imaginar. «El hombre es justificado por fe», explica Pablo, «sin las obras de la ley» (v. 28).

Esta bien puede ser la verdad espiritual más difícil de seguir. Por alguna razón la gente acepta a Jesús como Señor antes de aceptarle como Salvador. Es más fácil comprender su poder que su misericordia. Alabaríamos la tumba vacía mucho antes de arrodillarnos ante la cruz. Como Tomás, moriríamos por Jesús antes que permitir que Cristo muera por nosotros.

No estamos solos. No somos los primeros en batallar con la presentación que Pablo hace de la gracia. Al parecer, los primeros en dudar de la epístola a los Romanos fueron los primeros en leerla. Es más, te queda la impresión que Pablo puede oír tus preguntas. El apóstol aparta su pluma de la página y se imagina a sus lectores: algunos se retuercen incómodos, algunos dudan, otros lo niegan. Anticipándose a sus pensamientos, Pablo enfoca sus objeciones.

Objeción #1: Demasiado riesgo para ser cierto

La primera objeción procede del pragmatismo. «¿Luego por la fe invalidamos la ley?» (Romanos 3.31). Lo que preocupa aquí es la motivación. «Si no soy salvo por mis obras, ¿por qué hacerlas? Si no soy salvo por la Ley, ¿por qué guardarla? Si no soy salvo por lo que hago, ¿por qué hacer algo?»

Hay que admitir que la gracia es riesgosa. *Existe* la posibilidad de que la gente la lleve al extremo. O que abuse de la bondad de Dios.

Una palabra más en cuanto a las tarjetas de crédito puede ser útil aquí. Mi padre tenía una regla sencilla al respecto:

Tener las menos posibles y pagarlas cuanto antes. Su salario como mecánico era suficiente pero no abundante y detestaba incluso el pensamiento de tener que pagar interés. Su decisión era pagar el saldo total al final de cada mes. Puedes imaginarte mi sorpresa cuando el día en que partí para la universidad me puso en la mano una tarjeta de crédito.

De pie en la entrada de la casa, con el automóvil cargado y los adioses ya dichos, me la entregó. Miré el nombre en la tarjeta; no era el mío sino el suyo. Había ordenado una tarjeta adicional para mí. Las únicas instrucciones que me dio fueron: «Ten cuidado cómo la usas».

Bastante arriesgado, ¿no crees? Mientras me dirigía a la universidad se me ocurrió que era un hombre libre. Podía ir a donde quisiera. Tenía ruedas y el tanque lleno de gasolina. Tenía mi ropa, dinero en el bolsillo, mi equipo estereofónico en el portaequipaje, sobre todo, tenía una tarjeta de crédito. ¡Era un esclavo puesto en libertad! Sin cadenas. ¡Podía estar en México para el anochecer! ¿Qué me impedía desenfrenarme?

Tal es la pregunta del pragmático. ¿Qué nos impide desenfrenarnos? Si la adoración no me salva, ¿por qué adorar? Si diezmar no me salva, ¿por qué hacerlo? Si la moralidad no me salva, ¡alerta, muchachas, aquí vengo! Judas advierte contra esta actitud al hablar de las personas que abusan de la gracia «como pretexto para un vida desenfrenada» (Judas 4, VP).

Más adelante Pablo contrarrestará a sus críticos con la pregunta: «¿Qué, pues, diremos? ¿Perseveraremos en el pecado para que la gracia abunde? De ninguna manera» (Romanos 6.1-2). O, como un traductor lo dice: «¡Qué pensamiento más espantoso!» (PHILLIPS, [en inglés]).

Un pensamiento espantoso, en verdad. ¿La gracia promoviendo el mal? ¿La misericordia endosando el pecado? ¡Qué horrible idea! El apóstol usa el modismo más fuerte del idioma griego para repudiar la idea: *¡Me genoito!* La frase literalmente significa «¡jamás lo sea!» Como ya lo ha dicho, Dios en «su benignidad te guía al arrepentimiento» (Romanos 2.4).

Compréndelo bien: Quien ve la gracia como permiso para pecar ha errado la gracia por completo. Misericordia entendida es santidad deseada. «[Jesús] se dio a sí mismo por nosotros para redimirnos de toda iniquidad y purificar para sí un pueblo propio, *celoso de buenas obras*» (Tito 2.14, cursivas mías).

Nota las últimas palabras: «un pueblo propio, celoso de buenas obras». La gracia promueve un anhelo del bien. La gracia no estimula ningún deseo a pecar. Si hemos recibido en verdad la dádiva de Dios, no nos burlaremos de ella. Es más, si una persona usa la misericordia de Dios como libertad para pecar, uno se pregunta si alguna vez conoció la misericordia de Dios.

Cuando mi padre me dio su tarjeta de crédito no le impuso una lista de regulaciones. No me dio ningún contrato para firmar ni reglas para leer. No me dijo que pusiera la mano sobre la Biblia y jurara reembolsarle cualquier gasto que hiciera. Es más, ni siquiera me pidió que pagara nada. Según resultaron las cosas, pasaron varias semanas del año escolar sin que la usara. ¿Por qué? Porque me dio más que la tarjeta; me dio su confianza. Y aun cuando algunas veces quebrantaba sus reglas, no tenía ninguna gana de abusar de su confianza.

La confianza de Dios nos da anhelo ardiente de hacer lo que es bueno. Tal es el genio de la gracia. La Ley puede mostrarnos dónde nos equivocamos, pero no puede darnos el deseo de hacer lo bueno. La gracia sí puede. O como Pablo responde: «Por la fe ... confirmamos la ley» (Romanos 3.31).

Objeción #2: Demasiado nuevo para ser cierto

La segunda objeción a la gracia procede de la persona cauta respecto a todo lo nuevo. «No me vengan con esta enseñanza novelera. Simplemente denme la Ley. Si fue buena para Abraham, también lo es para mí».

«Está bien, déjeme hablarle sobre la fe de su padre Abraham», responde Pablo.

«Si Abraham fue justificado por las obras, tiene de qué gloriarse, pero no para con Dios. Porque ¿qué dice la Escritura? Creyó Abraham a Dios, y le fue contado [o acreditado] por justicia» (4.2-3).

Estas palabras deben haber dejado perplejos a los judíos. Pablo señala a Abraham como el prototipo de la gracia. Los judíos opinaban que la bendición de Abraham se *debió* a su obediencia. No es ese el caso, argumenta Pablo. El primer libro de la Biblia dice que Abraham «creyó a Jehová, y le fue contado por justicia» (Génesis 15.6). Fue su fe, no sus obras, lo que le justificó ante Dios. La *Versión Popular* traduce Romanos 4.2 como: «Abraham creyó a Dios, y por eso Dios lo aceptó como justo».

Cinco veces en seis versículos Pablo usa la expresión *le fue contada* [o *crédito* o *acreditar*]. Crédito es un término común en el mundo financiero. Acreditar a una cuenta es hacer un depósito. Si acredito a su cuenta, o bien aumento su saldo o reduzco su deuda.

¿No sería agradable si alguien acreditara una suma a tu cuenta de la tarjeta de crédito? Todo el mes acumulas deudas, temiendo el día en que te llegue el estado de cuentas. Cuando llega, lo dejas sobre el escritorio algunos días, no queriendo ver cuánto debes. Al final, te obligas a abrir el sobre. Con un ojo cerrado y el otro abierto espías la cifra. Lo que lees te hace abrir al instante el otro ojo. «¡El saldo es cero!»

Debe haber un error, de modo que llama al banco.

—Sí —explica el empleado—, su cuenta se pagó en su totalidad. Un tal Sr. Max Lucado nos envió un cheque para cubrir sus deudas.

No puedes creer lo que oyen tus oídos.

—¿Cómo saben que ese cheque es bueno?

—Ah, no hay duda alguna. Por años el Sr. Lucado ha estado pagando todas las deudas de la gente.

Dicho sea de paso, me encantaría hacer eso por ti, pero no te ilusiones. Tengo unas cuantas deudas propias. Sin embargo, a Jesús le encanta hacerlo, ¡y puede hacerlo! No tiene ninguna deuda personal. Y, es más, hace años que lo hace. Como prueba, Pablo acude a una carpeta que tiene más de dos mil años rotulada «Abram de Ur» y saca un estado de cuenta. El estado de cuenta tiene su lista de deudas. Abram distaba mucho de ser perfecto. Hubo ocasiones en que confió más en los egipcios que en Dios. Incluso mintió, diciéndole a Faraón que su esposa era su hermana. Pero Abram tomó una decisión que cambió su vida eterna: «Creyó Abraham a Dios, y le fue contado por justicia» (Romanos 4.3).

Aquí tenemos a un hombre justificado por la fe antes de su circuncisión (v. 10), antes de la Ley (v. 13), antes de Moisés y los Diez Mandamientos. ¡Aquí tenemos a un hombre justificado por la fe antes de la cruz! La sangre del Calvario que cubre pecados se extiende al pasado tanto como al futuro.

Abraham no es el único héroe del Antiguo Testamento que se entregó a la gracia de Dios. «Como también David habla de la bienaventuranza del hombre a quien Dios atribuye justicia sin obras, diciendo: Bienaventurados aquellos cuyas iniquidades son perdonadas, y cuyos pecados son cubiertos. Bienaventurado el varón a quien el Señor no inculpa de pecado» (vv. 6-8).

No debemos ver la gracia como una provisión hecha después que la Ley fracasó. La gracia se ofreció *antes* que se revelara la Ley. En verdad, ¡la gracia se ofreció antes de la creación del hombre! «Fuisteis rescatados de vuestra vana manera de vivir, la cual recibisteis de vuestros padres, no con cosas corruptibles, como oro o plata, sino con la sangre preciosa de Cristo, como de un cordero sin mancha y sin contaminación, ya destinado desde antes de la fundación del mundo, pero manifestado en los postreros tiempos por amor de vosotros» (1 Pedro 1.18-20).

¿Por qué Dios ofrecería la gracia antes de que la necesitáramos? Me alegro de que lo preguntes. Volvamos una vez más a la tarjeta de crédito que mi padre me dio. ¿Mencioné que pasé varios meses sin necesitarla? Pero cuando la necesité, *realmente* la necesité. Verás, quería visitar a una amiga en otra ciudad universitaria. En realidad, era una muchacha que vivía en otra ciudad a seis horas de distancia. Un viernes por la mañana decidí faltar a clases y emprendí el viaje. Como no sabía si mis padres lo aprobarían, no les pedí permiso. Por salir apurado, olvidé llevar dinero. Hice el viaje sin que ellos lo supieran y con una billetera vacía.

Todo marchó de maravillas hasta que choqué contra la parte posterior de otro vehículo en el viaje de regreso. Usando una palanca enderecé un poco el parachoques para dejar libre la rueda delantera y poder llevar mi estropeado automóvil hasta una gasolinera. Todavía recuerdo con claridad el teléfono público donde me paré bajo el frío del otoño. Mi padre, que daba por sentado que estaba en la universidad, recibió mi llamada a cobrar y oyó mi relato. Mi historia no tenía mucho de qué alardear. Había hecho el viaje sin su conocimiento, sin dinero y había arruinado su auto.

«Pues bien», dijo después de una larga pausa, «estas cosas ocurren. Para eso te di la tarjeta. Espero que hayas aprendido la lección».

¿Que si aprendí una lección? Sin dudas que la aprendí. Aprendí también que el perdón de mi padre antecedía a mi falta. Me dio la tarjeta antes del accidente por si acaso ocurriera alguno. Hizo provisión para mi desatino antes que lo cometiera. ¿Tengo que decirte que Dios ha hecho lo mismo? Por favor, comprende. Papá no quería que chocara su auto. No me dio la tarjeta *para* que pudiera chocar el auto. Pero conocía a su hijo. Y sabía que su hijo en algún momento necesitaría gracia.

Por favor, entiende, Dios no quiere que pequemos. No nos dio la gracia *para* que pequemos. Pero conocía a sus hijos. «Él formó el corazón de todos ellos; atento está a todas sus obras» (Salmo 33.15). «Porque Él conoce nuestra condición» (Salmo 103.14). Y sabía que un día necesitaríamos su gracia.

La gracia no es nada nuevo. La misericordia de Dios antecede a Pablo y a sus lectores, antecede a David y a Abraham; incluso antecede a la creación. Sin duda, antecede a cualquier pecado que hayas cometido. La gracia de Dios es más antigua que tu pecado y más grande que tu pecado. ¿Demasiado bueno para ser cierto? Esa es la tercera objeción.

Objeción #3: Demasiado bueno para ser cierto

Como hubo un pragmático que dijo que la gracia es demasiado arriesgada y un tradicionalista que dijo que la gracia es demasiado nueva, hubo también un escéptico que decía: «Esto es demasiado bueno para ser cierto».

Esta es la objeción más común a la gracia. Nadie ha venido esta semana a mi oficina para preguntarme de Abraham y las obras y la Ley y la fe. Pero estas paredes han escuchado la pregunta de una joven que pasó dos años en la universidad diciéndole que sí a la carne y no a Dios. Hablé con un joven esposo que se preguntaba si Dios podría perdonar un aborto por el que pagó hace una década. También a un padre que acababa de percatarse que dedicó su vida al trabajo y descuidó a los hijos.

Todos se preguntan si habrán sobregirado la línea de crédito ante Dios. No están solos. La gran mayoría de las personas sencillamente afirman: «Dios puede darle su gracia a usted, pero no a mí. Verá, atravesé las aguas del fracaso. Crucé la línea

demasiadas veces. No soy el pecador típico. Soy culpable de
_____ ». Y ponen algo en la línea en blanco.

¿Qué pondrías tú en la línea en blanco? ¿Hay algún capítulo
en tu biografía que te condena? ¿Un valle en tu corazón
demasiado hondo como para que el Hijo primogénito te alcance? Si piensas que no hay esperanzas para ti, Pablo tiene una
persona que quiere que conozcas. Nuestro estéril pasado le
recuerda al apóstol del vientre estéril de Sara.

Dios les había prometido a Sara y a Abram un hijo. Es más,
el nombre Abram significa «padre enaltecido». Dios incluso le
cambió el nombre a Abraham (padre de una multitud), pero ni
aun así tuvieron hijo. Cuarenta años pasaron antes que la
promesa se cumpliera. ¿Piensas que para Abraham la conversación se convirtió en rutina de temer?

—¿Cómo te llamas?

—Abraham.

—Ah, ¡«padre de una multitud»! Qué gran título. Dime,
¿cuántos hijos tienes?

Abraham dejaría escapar un suspiro y diría:

—Ninguno.

Dios le prometió un hijo, pero Abraham no lo tenía. Dejó
su tierra para ir a una tierra desconocida, pero no le nació el
hijo. Triunfó sobre la hambruna, pero seguía sin tener hijo. Su
sobrino Lot vino y se fue, pero todavía no había hijo. Tuvo sus
encuentros con ángeles y con Melquisedec, pero todavía seguía
sin heredero.

Para entonces Abraham tenía noventa y nueve años y Sara
no era mucho más joven. Ella tejía y jugaba Solitario, y ambos
sonreían al pensar en un muchacho saltando sobre sus huesu-
das rodillas. Él perdió el pelo, ella sus dientes, y ni uno ni otro
pasaba mucho tiempo deseándose sexualmente. Pero de alguna
manera nunca perdieron la esperanza. A veces Abraham pen-

saba en la promesa de Dios y le hacía un guiño a Sara y ella le sonreía y pensaba: *Pues bien, Dios nos prometió un hijo, ¿verdad?*

Cuando todo parecía sin esperanza, Abraham creyó de todas maneras, decidiendo vivir, no en base a lo que *no podía* hacer, sino a lo que Dios dijo que *haría* ... Cuando Dios le dijo a Abraham que le iba a dar un hijo cuya descendencia sería tan numerosa como para formar una nación, Abraham lo creyó, aun cuando aquello estaba al borde de lo imposible. Y porque su fe era robusta, no se preocupó del hecho de que, a la edad de cien años, era demasiado viejo para ser padre, ni de que su esposa Sara tuviera noventa años y por lo tanto fuera demasiado vieja para tener hijos. Pero Abraham no dudó jamás. Con la más profunda fe y confianza creyó a Dios, y le dio las gracias por aquella bendición antes de que se produjera. ¡Estaba completamente seguro de que Dios podría cumplir cualquier promesa!» (Romanos 4.18-21, *La Biblia al día*).

Todo se había agotado. La juventud. El vigor. La fuerza. El levantarse y echar a andar. Todo lo que los viejos Abraham y Sara tenían era un cheque del seguro social y una promesa del cielo. Pero Abraham decidió confiar en la promesa en lugar de enfocar sus problemas. Como resultado, la pareja que vivía de la pensión de ancianidad fue la primera en llevar una cuna al asilo de ancianos.

¿Tenemos nosotros mucho más que ellos? No realmente. No hay ninguno de nosotros que no haya acumulado más cuentas de las que jamás podríamos pagar. Pero ninguno tenemos por qué continuar endeudados. El mismo Dios que le dio un hijo a Abraham nos ha prometido gracia.

¿Qué es más increíble: Sara diciéndole a Abraham que va a ser papá, o Dios declarándonos justos a ti y a mí? Ambas cosas son absurdas. Ambas son demasiado buenas como para ser ciertas. Pero ambas proceden de Dios.

9 | Gracia de grandes ligas

Romanos 5.1-3

Justificados, pues, por la fe, tenemos paz para con Dios por medio de nuestro Señor Jesucristo; por quien también tenemos entrada por la fe a esta gracia en la cual estamos firmes, y nos gloriamos en la esperanza de la gloria de Dios. ROMANOS 5.1-2

¿Bateadores corriendo al plato para batear? ¿Nada de protestas por decisiones cuestionables de los árbitros? ¿Agradecer a los árbitros después de los partidos? ¿Devolviendo los aficionados las pelotas que les caían cerca?

¿Es esto béisbol de grandes ligas?

Lo fue. Por unas pocas semanas durante la primavera de 1995 el béisbol profesional fue diferente. Los brazos de un millón de dólares se quedaron en sus casas. Los bates Cadillac estaban en los estantes. Los jugadores contratados se encontraban en negociaciones pidiendo más dinero. Los dueños, decididos a empezar la temporada, abrieron de par en par las puertas a casi cualquier persona que supiera cómo recoger del suelo una pelota o correr ante un batazo.

No eran jugadores de las ligas menores, pues estas también se fueron a la huelga. Eran hombres que pasaron de ser entrenadores de ligas infantiles una semana, a vestir el uniforme de los Medias Rojas a la siguiente.

Los partidos no eran primorosos, cabe decirlo. Batazos en línea rara vez llegaban a la periferia del terreno. Un entrenador dijo que sus lanzadores tiraban las pelotas con tanta lentitud que el radar ni siquiera alcanzaba a medir su velocidad. Un aficionado podía vender una docena de maníes en el tiempo transcurrido mientras devolvían una pelota del extremo del terreno. Los jugadores jadeaban y resoplaban más que «La locomotora que sí pudo».

Pero, ¡vaya que esos jugadores se divirtieron! En el diamante se hallaban jugadores que participaban solo por el gusto de jugar. Cuando el entrenador les ordenaba correr, corrían. Cuando se necesitaba un voluntario para espantar moscas, una docena de manos se ofrecían. Llegaban al estadio antes de que las puertas se abrieran, engrasaban sus guantes y limpiaban sus zapatos. Cuando era hora de irse a casa, se quedaban hasta que los empleados del estadio los echaban fuera. Agradecían a los ayudantes que lavaban sus uniformes. Agradecían a los que les servían los alimentos. Agradecían a los aficionados por pagar su dinero para verlos jugar. La fila de jugadores dispuestos a firmar autógrafos era más larga que la de aficionados.

Estos hombres no se consideraban una bendición para el béisbol, sino que el béisbol era una bendición para ellos. No esperaban lujos; se sorprendieron al encontrarlo. No exigían más tiempo en el terreno; estaban entusiasmados con la sola idea de jugar.

¡Era béisbol otra vez!

En Cincinnati, el administrador general salió al terreno para aplaudir a los aficionados por haber venido. El equipo de Filadelfia obsequió perros calientes y sodas. En el canje del año, los Indios de Cleveland les cedieron cinco jugadores a los Rojos de Cincinnati, ¡gratuitamente!

No era espectacular. Se echaban de menos los jonrones de tres carreras y las pelotas atrapadas con las uñas. Pero todo quedaba olvidado por la pura alegría de ver jugar a peloteros que realmente disfrutaban del juego. ¿Qué los hizo tan especiales? Sencillo. Vivían algo que no merecían. Estos hombres no llegaron a las grandes ligas por su habilidad, sino por suerte. No los seleccionaron por ser buenos, sino porque estaban dispuestos.

¡Y lo sabían! Ni una sola vez se leyó un artículo sobre un jugador de reemplazo discutiendo por el bajo salario. Lo que sí leí fue una crónica de un señor que ofreció cien mil dólares si algún equipo lo contrataba. No había ninguna pelea por posiciones. No se ponía en duda a la administración. No había huelgas. No había encierros ni paros. Vaya, estos hombres ni siquiera se quejaron de que el monograma con su nombre no estaba cosido en la camiseta. Sencillamente estaban contentos por ser parte del equipo.

¿No deberíamos estarlo nosotros también? ¿No somos en gran medida como estos jugadores? Si hay algo que nos dicen los primeros cuatro capítulos de Romanos es que disfrutamos una vida que no merecemos. No somos lo bastante buenos como para que nos seleccionen, pero mírennos, ¡todos uniformados y listos para jugar! No tenemos la habilidad suficiente como para ser parte de la liga del barrio, ¡pero nuestros nombres están en la nómina de la más grandiosa liga de la historia!

¿Merecemos estar ahí? No. Pero, ¿canjearíamos el privilegio? Por nada en el mundo. Porque si lo que Pablo proclama es cierto, la gracia de Dios nos ha colocado en un equipo de ensoñación más allá de lo imaginable. Nuestro pasado está perdonado y nuestro futuro es seguro. Y, para que no nos olvidemos de esta dádiva indecible, Pablo detalla las bendiciones que la gracia de Dios derrama sobre nuestro mundo (véase Romanos 5.1-12).

Bendición #1: Tenemos paz con Dios

«Justificados, pues, por la fe, tenemos paz para con Dios por medio de nuestro Señor Jesucristo» (v. 1).

Paz con Dios. ¡Qué feliz consecuencia de la fe! No solo paz entre naciones, paz entre vecinos, ni paz en el hogar; la salvación trae paz con Dios.

Una vez un monje y un novicio viajaban del monasterio a una aldea cercana. En las puertas de la ciudad se separaron, conviniendo en reunirse allí mismo a la mañana siguiente después de cumplir sus tareas. De acuerdo al plan se encontraron y emprendieron juntos el largo camino de regreso al monasterio. El monje notó que el más joven estaba más callado que de costumbre. Le preguntó si algo andaba mal.

—¿Qué te importa? —fue la cortante respuesta.

Ahora el monje tenía la seguridad de que su colega estaba en problemas, pero no dijo nada. La distancia entre los dos se fue agrandando. El novicio caminaba despacio, como para separarse de su maestro. Cuando divisaron el monasterio, el monje se detuvo ante la reja y esperó por el alumno.

—Dime, hijo, ¿qué te atormenta?

El muchacho empezó a reaccionar otra vez, pero cuando vio la ternura en los ojos del maestro, su corazón empezó a ceder.

—He pecado grandemente —gimió—. Anoche dormí con una mujer y abandoné mis votos. No soy digno de entrar en el monasterio a tu lado.

El maestro abrazó a su alumno y le dijo:

—Entraremos juntos al monasterio. Entraremos juntos a la catedral y juntos confesaremos tu pecado. Nadie, sino Dios, sabrá cuál de los dos cayó.[1]

¿No describe eso lo que Dios ha hecho por nosotros? Cuando guardábamos nuestros pecados en silencio, nos alejábamos de

---

1 Oí esta historia en un retiro de ministros en la que habló Gordon MacDonald, en febrero de 1990.

Él. Le veíamos como enemigo. Dábamos pasos para evadir su presencia. Pero nuestra confesión de faltas altera nuestra percepción. Dios ya no es más un enemigo sino un amigo. Estamos en paz con Él. Hizo más que el monje, mucho más. Más que hacerse partícipe de nuestro pecado, Jesús fue «molido por nuestros pecados; el castigo de nuestra paz fue sobre Él, y por su llaga fuimos nosotros curados» (Isaías 53.5). «Sufrió la cruz, menospreciando el oprobio» (Hebreos 12.2). Jesús nos lleva a la presencia de Dios.

Bendición #2: Tenemos un lugar con Dios

Ser llevados a la presencia de Dios es la segunda bendición que Pablo describe: «Por medio de nuestro Señor Jesucristo; por quien también tenemos entrada por la fe a esta gracia en la cual estamos firmes» (v. 2). Observa la frase «por quien también tenemos entrada». La expresión en griego significa «ser conducido a la presencia de la realeza». En Efesios, Pablo nos recuerda dos veces nuestro derecho a entrar en la presencia de Dios:

Porque por medio de Él los unos y los otros tenemos entrada por un mismo Espíritu al Padre (Efesios 2.18).

En quien tenemos seguridad y acceso con confianza por medio de la fe en Él (Efesios 3.12).

Cristo nos encuentra fuera del salón del trono, nos lleva de la mano y nos conduce a la presencia de Dios. Al entrar hallamos gracia, no condenación; misericordia, no castigo. Allí donde jamás se nos concedería una audiencia con el rey, ahora nos reciben ante su presencia.

Si eres padre, comprendes esto. Si un niño que no conoces se asoma a la puerta y te pide pasar la noche en casa, ¿qué harías? Lo más probable es que le preguntarías su nombre, dónde vive, procurarías saber por qué anda vagando por las calles y le pondrías en contacto con sus padres. Por otro lado, si un muchacho entra a la casa acompañando a tu hijo, ese niño será recibido. Lo mismo ocurre con Dios. Al llegar a ser amigos del Hijo ganamos el acceso al Padre.

Jesús prometió: «A cualquiera, pues, que me confiese delante de los hombres, yo también le confesaré delante de mi Padre que está en los cielos» (Mateo 10.32). Debido a que somos amigos de su Hijo tenemos entrada al salón del trono. Él nos conduce a esa «gracia en la cual estamos firmes» (Romanos 5.2).

La dádiva no es una ocasional visita a Dios, sino más bien una permanente «entrada por la fe a esta gracia en la cual estamos firmes» (v. 2). Aquí es donde cesa mi analogía con los beisboleros de reemplazo. Sabían que su situación era temporal. Su privilegio duraría tan solo el tiempo de la huelga. Pero no es igual con nosotros. Nuestro privilegio dura tanto como Dios es fiel y su fidelidad jamás se ha puesto en duda. «Si fuéremos infieles, Él permanece fiel; Él no puede negarse a sí mismo» (2 Timoteo 2.13). Isaías describe la fidelidad de Dios como «cinto de sus lomos» (Isaías 11.5). David anuncia que la fidelidad del Señor «alcanza hasta las nubes» (Salmo 36.5).

Supongo que la analogía del béisbol resultaría si el dueño del equipo nos confiriera la posición de miembros vitalicios del equipo. Al hacerlo así la situación en el grupo no dependería de nuestro desempeño, sino de su poder. ¿Algún dueño ha dado alguna vez tal dádiva? No lo sé, pero Dios lo ha hecho y lo hace.

Antes de avanzar, nota la secuencia de estas bendiciones. La primera bendición se refiere al pasado; tenemos paz con Dios debido a que nos perdonó. La segunda bendición se refiere al presente. Tenemos un lugar con Dios debido a que Jesús nos presentó a su Padre. ¿Adivina alguien cuál será la siguiente bendición?

Bendición #3: Somos partícipes de su gloria

Adivinaste: nuestro futuro. «Nos gloriamos en la esperanza de la gloria de Dios» (Romanos 5.2).

Debido a la gracia de Dios pasamos de tener «sepulcro abierto [en la] garganta» (Salmo 5.9), a participar de la gloria de Dios. Éramos unos fracasados y excluidos; ahora se nos llama y se nos hace entrar.

¿Qué significa ser partícipes de la gloria de Dios? ¿Puedo dedicar un capítulo al asunto? (¿Por qué te lo pregunto? El libro ya está escrito.) Pasa conmigo del mundo del béisbol y jugadores de reemplazo a una escena de un rey y un lisiado. Comprenderá en pocas páginas lo que quiero decir.

| 10 | El privilegio de los indigentes |

Romanos 5.6-8

Mas Dios muestra su amor para con nosotros, en que siendo aún pecadores, Cristo murió por nosotros. ROMANOS 5.8

Advertencia: El contenido de este capítulo puede despertar hambre. Tal vez quiera leerlo en la cocina.

Mi primer pastorado fue en Miami, Florida. En la congregación teníamos más que unas cuantas señoras sureñas que les encantaba cocinar. Caí bien puesto que era un hombre soltero que le encantaba comer. A la iglesia le entusiasmaba tener comidas colectivas los domingos por la noche y un *banquete* trimestral.

En algunas comidas colectivas en ciertas iglesias los que cocinan limpian las ollas que llevan y los últimos tienen que conformarse con el aroma. No ocurría así con esta iglesia. Nuestras comidas colectivas eran verdaderos acontecimientos. Los comercios del área nos pedían que les avisáramos con anticipación para poder aprovisionar sus anaqueles. La venta de libros de cocina subió. Gente a la que nunca se veía en las bancas se podía encontrar en la fila de la comida. Para las mujeres era una competencia culinaria informal y para los hombres un atracón abierto.

Vaya que era bueno, una verdadera cornucopia de utensilios. Jugoso jamón a la piña, frijoles al horno, escabeches condimentados, torta de nueces... (¡Ah, no! Se me ha echo agua la boca.) ¿Todavía te preguntas por qué hay tantos predicadores gordos? Uno entra al ministerio por comidas como esas.

Como soltero contaba con esos alimentos para mi estrategia de supervivencia. Mientras otros planeaban qué cocinar, yo estudiaba las técnicas de almacenamiento que usan los camellos. Sabiendo que debía llevar algo, me las arreglaba para buscar en los anaqueles de mi cocina los domingos por la tarde. El resultado era calamitoso: Una vez llevé una lata de maníes consumida a medias; en otra ocasión preparé media docena de emparedados de mermelada. Una de mis mejores contribuciones fue un paquete de papitas fritas sin abrir; otra más modesta fue una lata de sopa de tomates también sin abrir.

No era mucho, pero nadie jamás se quejó. Es más, por la forma en que las señoras actuaban, uno pensaría que había llevado el pavo para la cena de Acción de Gracias. Recibían mi lata de maníes y la ponían en una mesa larga junto con el resto de los platillos y me entregaban un plato. «Adelante, Max. No te cohíbas. Llena tu plato». ¡Y lo hacía! Puré de papas y salsa. Rosbif. Tomaba un poco de todo, excepto los maníes.

¡Llegaba como un indigente y comía como rey!

Aun cuando Pablo nunca estuvo en una de estas comidas, le hubiera encantado el simbolismo. Hubiera dicho que Cristo hace por nosotros precisamente lo que aquellas damas hicieron por mí. Nos da la bienvenida a su mesa en virtud de su amor y a petición nuestra. No son nuestros sufrimientos lo que nos concede un lugar en el banquete; a decir verdad, cualquier cosa que llevemos se verá ridículamente de poco valor en su mesa.

Su única demanda es que admitamos que tenemos hambre, porque «bienaventurados los que tienen hambre y sed de justicia, porque ellos serán saciados» (Mateo 5.6).

Nuestra hambre, entonces, no es un anhelo que se debe evadir sino más bien un deseo dado por Dios que se debe atender. Nuestra debilidad no es algo para echar a un lado sino para confesarse. ¿No es esta la médula de las palabras de Pablo cuando escribe: «Porque Cristo, cuando aún éramos débiles, a su tiempo murió por los impíos. Ciertamente, apenas morirá alguno por un justo; con todo, pudiera ser que alguno osara morir por el bueno. Mas Dios muestra su amor para con nosotros, en que siendo aún pecadores, Cristo murió por nosotros» (Romanos 5.6-8)?

El retrato de un indigente

El retrato que Pablo pinta de nosotros no es atractivo. «Éramos débiles», «impíos», «pecadores», «enemigos» de Dios (Romanos 5.6,8,10). Tales son las personas por las que Dios murió.

El terapeuta familiar, Paul Faulkner, cuenta de un hombre que se propuso adoptar a una adolescente. Uno pondría en duda la lógica del padre. La muchacha era destructora, desobediente y mentirosa. Un día llegó a la casa después de clases y la saqueó buscando dinero. Cuando el padre llegó, ella no estaba y la casa estaba echa un desastre.

Al oír sobre sus acciones, los amigos le instaron a que no finalizara la adopción. «Déjala que se vaya», le dijeron. «Después de todo, no es tu hija en realidad». Su respuesta fue simple: «Sí, lo sé. Pero le dije que lo era».[1]

También, Dios ha hecho un pacto para adoptar a su pueblo. Nuestra rebelión no invalida su pacto. Una cosa es amarnos cuando somos fuertes, obedientes y dispuestos. Pero, ¿cuando

1 Dr. Paul Faulkner, *Achieving Success without Failing Your Family* [Como triunfar sin que fracase su familia], Howard Publishing, W. Monroe, LA, 1994, pp. 14-15.

saqueamos su casa y nos robamos lo que es suyo? Esta es la prueba del amor.

Y Dios pasa la prueba. «Mas Dios muestra su amor para con nosotros, en que siendo aún pecadores, Cristo murió por nosotros» (Romanos 5.6-8).

Las señoras de nuestra iglesia no me veían a mí ni a mis manías y decían: «Regresa cuando hayas aprendido a cocinar».

El padre no mira la casa destrozada y dice: «Regresa cuando hayas aprendido a respetar».

Dios no miró nuestras vidas arruinadas y dijo: «Moriré por ti cuando lo merezcas».

David tampoco miró a Mefi-boset y dijo: «Te rescataré cuando hayas aprendido a caminar».

Mefi-bo... ¿qué?

Mefi-boset. Cuando oigas su historia verás por qué menciono su nombre. Sacude el polvo de los libros 1 y 2 Samuel y allí lo verás.

(Y Jonatán hijo de Saúl tenía un hijo lisiado de los pies. Tenía cinco años de edad cuando llegó de Jezreel la noticia de la muerte de Saúl y de Jonatán, y su nodriza le tomó y huyó; y mientras iba huyendo apresuradamente, se le cayó el niño y quedó cojo. Su nombre era Mefi-boset.) (2 Samuel 4.4).

Los paréntesis que encierran el versículo no son errores de imprenta. Mefi-boset está en una especie de paréntesis en la Biblia. El versículo no nos dice mucho acerca de él; apenas su nombre (Mefi-boset), su calamidad (se cayó de los brazos de la niñera), su deformidad (cojo) y luego sigue con la historia.

Pero eso basta para hacer unas pocas preguntas. ¿Quién era este niño? ¿Por qué la Biblia narra su historia? ¿Por qué Lucado lo menciona en un libro sobre la gracia? Un poco de antecedentes será útil.

Mefi-boset era hijo de Jonatán, nieto de Saúl, primer rey de

Israel. Saúl y Jonatán murieron en batalla dejando el trono que ocuparía David. En aquellos días el nuevo rey con frecuencia afirmaba su posesión del territorio exterminando a la familia del rey anterior.

David no tenía intención de seguir esta tradición, pero la familia de Saúl no lo sabía. De modo que escaparon de prisa. Su especial preocupación fue Mefi-boset, de cinco años, porque a la muerte de su padre y tío era el presunto heredero al trono. Si David tenía la intención de asesinar a los herederos de Saúl, este niño sería el primero en la lista. De modo que la familia salió huyendo. Pero en la prisa del momento, Mefi-boset se cayó de los brazos de la niñera quedando con ambos pies permanentemente dañados. Por el resto de su vida sería cojo.

Si la historia empieza a serte familiar, debería serlo. Tú y él tienen mucho en común. ¿No naciste también en realeza? ¿Y no llevas las lesiones de la caída? ¿Y acaso no hemos vivido todos temiendo a un rey que nunca hemos visto?

Mefi-boset comprendería que Pablo nos pinte como indigentes, «cuando nosotros éramos incapaces» (Romanos 5.6, VP). Por casi dos décadas el joven príncipe vivió en una tierra distante, incapaz de ir hasta el rey, con demasiado miedo como para hablar con él. No podía valerse por sí mismo.

Mientras tanto, el reino de David prosperaba. Bajo su liderazgo Israel creció diez veces su tamaño original. No conoció derrota en el campo de batalla ni insurrección en su corte. Israel estaba en paz. El pueblo estaba agradecido. Y David, el pastor hecho rey, no se olvidó de la promesa que le hizo a Jonatán.

La promesa del rey

David y Jonatán fueron como dos teclas en un piano. Cada uno por separado producía música, pero juntos producían armonía. Jonatán «amaba [a David] como a sí mismo» (1 Samuel 20.17).

Su legendaria amistad se enfrentó a la máxima prueba el día en que David se enteró de que Saúl planeaba matarle. Jonatán juró salvar a David y a su vez le pidió a su amigo un favor: «No apartarás tu misericordia de mi casa para siempre. Cuando Jehová haya cortado uno por uno los enemigos de David de la tierra, no dejes que el nombre de Jonatán sea quitado de la casa de David. Así hizo Jonatán pacto con la casa de David» (1 Samuel 20.15-16).

¿No sabías que para David este fue un preciado recuerdo? ¿Puedes imaginártelo algunos años más tarde reflexionando sobre ese momento? De pie en el balcón, desde donde se contempla la ciudad segura. Cabalgando por los exuberantes sembrados. Vestido con su armadura inspeccionando su capaz ejército. ¿Hubo tiempos en que quedaba abrumado por la gratitud? ¿Hubo ocasiones en que pensaba: *¿Si no hubiese sido porque Jonatán me salvó la vida, nada de esto hubiera ocurrido?*

Tal vez un momento así de reflexión le animó a que se volviera a sus servidores y les preguntara: «¿Ha quedado alguno de la casa de Saúl, a quien haga yo misericordia por amor de Jonatán?» (2 Samuel 9.1).

Se sabe que quienes se sostienen en manos de la gracia hacen tales preguntas. ¿Hay algo que pueda hacer por alguna otra persona? ¿Podría ser bondadoso con alguien debido a que otros lo han sido conmigo? Esto no es maniobra política. David no buscaba hacer el bien para ganarse el aplauso de la gente. Tampoco hacía algo bueno para que alguien le devolviera el favor. Lo impulsaba el pensamiento singular que él también, una vez fue débil. Y en su debilidad recibió ayuda. David, mientras huía de Saúl, reunía los requisitos para el epitafio que da Pablo: «cuando nosotros éramos incapaces de salvarnos» (Romanos 5.6, VP).

David fue librado; ahora desea hacer lo mismo. Un criado llamado Siba conoce a un descendiente. «Aún ha quedado un hijo de Jonatán, lisiado de los pies. Entonces el rey le preguntó: ¿Dónde está? Y Siba respondió al rey: He aquí, está en casa de Maquir hijo de Amiel, en Lodebar» (2 Samuel 9.3-4).

Una sola frase y David supo que tenía más de lo que había imaginado. El muchacho estaba «lisiado de los pies». ¿Quién hubiera culpado a David por preguntarle a Siba: «¿Hay alguna otra alternativa? ¿Algún otro pariente sano?»

¿Quién hubiera cuestionado si razonaba: *Un lisiado no caería bien entre la gente del castillo. Solo la elite se mueve por estos recintos; ¡este muchacho ni siquiera puede andar! ¿Y qué servicio pudiera proporcionar? No tiene bienes, ni educación, ni preparación. ¿Y quién sabe qué apariencia tendrá? Todos estos años ha estado viviendo en... ¿dónde dijo que estaba? Lodebar. Incluso el nombre significa «lugar desierto». Seguramente hay alguien al que pueda ayudar que no esté tan necesitado.*

Pero tales palabras nunca se pronunciaron. La única respuesta de David fue: «¿Dónde está?» (v. 4).

Un hijo. Uno se pregunta cuánto tiempo pasó desde que Mefi-boset escuchó que le llamaban hijo. En todas las referencias previas se le conoce como lisiado. Cada vez que se menciona hasta aquí le sigue su defecto. Pero las palabras de David no hacen referencia a su aflicción. No pregunta: «¿Dónde está Mefi-boset, este muchacho con problemas?», sino que pregunta: «¿Dónde está?»

Muchos saben lo que es llevar un estigma. Cada vez que se menciona su nombre, la calamidad les sigue.

«¿Han oído de Juan últimamente? ¿Saben? Acaba de divorciarse».

«Recibimos una carta de Gerardo. ¿Lo recuerdas? ¿El alcohólico?»

«Rosario está de nuevo en la ciudad. Qué lástima que tenga que criar a sus hijos sola».

«Vi a Melisa hoy. No sé por qué no puede conservar ningún empleo».

Como un fastidioso hermano, tu pasado te sigue a dondequiera que vayas. ¿No hay alguien que te vea por lo que eres y no por lo que hiciste? Sí. Hay uno. Tu rey. Cuando Dios se refiere a ti no menciona tu condición, dolor ni problema; Él te permite participar de su gloria. Te llama su hijo.

> No contenderá para siempre,
> Ni para siempre guardará el enojo.
> No ha hecho con nosotros conforme a nuestras iniquidades,
> Ni nos ha pagado conforme a nuestros pecados.
> Porque como la altura de los cielos sobre la tierra,
> Engrandeció su misericordia sobre los que le temen.
> Cuanto está lejos el oriente del occidente,
> Hizo alejar de nosotros nuestras rebeliones.
> Como el padre se compadece de los hijos,
> Se compadece Jehová de los que le temen.
> Porque Él conoce nuestra condición;
> Se acuerda de que somos polvo. (Salmo 103.9-14)

Mefi-boset llevó veinte años su estigma. Cuando la gente mencionaba su nombre, señalaba su problema. Pero el rey no mencionó su defecto físico. Y una palabra del palacio sobrepasa a mil voces en las calles.

Los mensajeros de David viajaron hasta la puerta de Mefi-boset, le llevaron al carruaje y lo escoltaron al palacio. Lo llevaron ante el rey, donde se postró rostro en tierra y confesó: «He aquí tu siervo» (2 Samuel 9.6). Su miedo era comprensible. Aunque quizás le dijeron que David era bondadoso, ¿qué seguridad tenía? Aunque los emisarios tal vez le dijeron que David no pensaba hacerle ningún mal, tenía miedo. (¿No lo tendrías tú?) La ansiedad se veía en el rostro apoyado en el piso. Las primeras palabras que le dirigió David fueron: «No tengas temor».

Dicho sea de paso, a tu rey se le conoce por decir lo mismo. ¿Sabes que el mandamiento que más repitieron los labios de Jesús fue: «No temas»? ¿Sabes que la única frase que aparece en cada libro de la Biblia es «No temas», procediendo del cielo?

A Mefi-boset lo llamaron, hallaron y rescataron, pero todavía necesitaba seguridad. ¿No la necesitamos todos? ¿No somos como el invitado tembloroso que necesita seguridad de que estamos postrándonos ante un rey bondadoso? Pablo dice que tenemos esa seguridad. El apóstol señala a la cruz como nuestra garantía del amor de Dios. «Mas Dios muestra su amor para con nosotros, en que siendo aún pecadores, Cristo murió por nosotros» (Romanos 5.8). Dios demostró su amor para con nosotros sacrificando a su Hijo.

Anteriormente Dios había enviado profetas para que predicaran; ahora ha enviado a su Hijo a que muera. Anteriormente Dios comisionó a los ángeles para que ayudaran; ahora ha ofrecido a su Hijo para que redima. Cuando temblamos, nos señala la sangre salpicada en los maderos cortados y dice: «No temas».

Durante los primeros días de la Guerra Civil un soldado de la Unión fue arrestado y acusado de deserción. Incapaz de probar su inocencia, se le condenó y sentenció a morir como los desertores. Su apelación logró llegar hasta el escritorio de Abraham Lincoln. El presidente sintió misericordia por el soldado y firmó el perdón. El soldado regresó al ejército, luchó durante toda la guerra y murió en la última batalla. En el bolsillo del pecho encontraron la carta firmada por el presidente.[2]

Cerca del corazón del soldado se encontraban las palabras del perdón de su líder. Halló valor en la gracia. Me pregunto cuántos más han encontrado valor en la gloriosa cruz de su Rey.

2   *1041 Sermons Illustrations, Ideas and Expositions* [1041 ilustraciones, exposiciones e ideas para sermones], Baker, Grand Rapids, MI, 1953, p. 244.

El privilegio de la adopción

Así como David guardó su promesa hecha a Jonatán, Dios guarda la promesa que nos ha hecho. El nombre Mefi-boset significa «el que quita la vergüenza». Y eso es exactamente lo que David intentaba hacer por el joven príncipe.

En rápida sucesión David le devolvió a Mefi-boset todas sus tierras, sembrados y criados y luego insistió para que el lisiado comiera en la mesa del rey. ¡No sólo una, sino cuatro veces!

«Te devolveré todas las tierras de Saúl tu padre; y tú comerás siempre a mi mesa».

«Mefi-boset ... comerá siempre a mi mesa».

«Mefi-boset, dijo el rey, comerá a mi mesa, como uno de los hijos del rey».

«Y moraba Mefi-boset en Jerusalén, porque comía siempre a la mesa del rey; y estaba lisiado de ambos pies». (2 Samuel 9.7,10,11,13, cursivas mías)

Haz una pausa e imagínate la escena en el comedor real. ¿Puedo ceder mi pluma a Charles Swindowll para que lo ayude?

La campana llamando a la cena resuena en el palacio del rey y David se dirige a la cabecera de la mesa y toma asiento. En pocos momentos Amnón, el astuto y ladino Amnón, se sienta a la izquierda de David. La encantadora y agraciada Tamar, joven hermosa y lozana, llega y toma asiento junto a Amnón. Entonces del otro lado del pasillo Salomón camina lentamente desde su estudio; precoz, brillante y preocupado. El evidente heredero se sienta con calma. Y luego Absalón toma asiento, bien parecido, simpático, con hermosa cabellera suelta, negra como el cuervo y llegándole a los hombros. Esa noche en particular a Joab, el valeroso guerrero y comandante de las tropas de David, lo han invitado a la cena. Joab, musculoso y bronceado, toma asiento cerca del rey. Después, esperan. Oyen el ruido de pies que se arrastran, el tump, tump, tump de las muletas de Mefi-boset que, más bien desmañadamente, se dirige a su lugar en la mesa y se deja caer en su asiento ... y el mantel cubre sus pies. Te pregunto: ¿Comprendió Mefi-boset lo que es la gracia?[3]

Y yo te pregunto: ¿Ves nuestra historia reflejada en la de Mefi-boset?

Hijos de realeza, lisiados por la caída, para siempre manchados por el pecado. Viviendo parentéticamente en las crónicas de la tierra solo para que el Rey les recuerde. Impulsado no por nuestra belleza sino por su promesa, nos llama e invita a que tomemos un lugar permanente en su mesa. Aun cuando a menudo cojeamos más que andamos, ocupamos nuestro lugar junto a otros pecadores hechos santos y tenemos parte en la gloria de Dios.

¿Puedo hacerte una lista parcial de lo que te espera en su mesa?

Estás más allá de toda condenación (Romanos 8.1).

Eres libre de la ley (Romanos 7.6).

Estás cerca de Dios (Efesios 2.13).

Eres libre del poder del mal (Colosenses 1.13).

Eres miembro de su reino (Colosenses 1.13).

Eres justificado (Romanos 5.1).

Eres perfecto (Hebreos 10.14).

Te han adoptado (Romanos 8.15).

Tienes acceso a Dios en cualquier momento (Efesios 2.18).

---

3 Charles Swindoll, *El despertar de la gracia*, Editorial Betania, Miami, FL, 1995 (p. 70 del original en inglés).

Eres parte de su sacerdocio (1 Pedro 2.5).

Jamás te abandonará (Hebreo 13.5).

Tienes una herencia imperecedera (1 Pedro 1.4).

Eres partícipe con Cristo en la vida (Colosenses 3.4), en el privilegio (Efesios 2.6), sufrimiento (2 Timoteo 2.12), y servicio (1 Corintios 1.9).

Tú eres un:

miembro de su Cuerpo (1 Corintios 12.13),

pámpano en la vid (Juan 15.5),

piedra en el edificio (Efesios 2.19-22),

novia para el Esposo (Efesios 5.25-27),

sacerdote en la nueva generación (1 Pedro 2.9),

y

una morada del Espíritu (1 Corintios 6.19).

Posees (¡observa esto!) toda bendición espiritual posible. Dios «nos bendijo con toda bendición espiritual en los lugares celestiales en Cristo» (Efesios 1.3). Este es el don ofrecido al más ruin pecador en la tierra. ¿Quién podría hacer tal oferta si no Dios? «Porque de su plenitud tomamos todos, y gracia sobre gracia» (Juan 1.16).

Pablo habla por todos al preguntar:

¡Oh profundidad de las riquezas de la sabiduría y de la ciencia de Dios! ¡Cuán insondables son sus juicios e inescrutables sus caminos! Porque ¿quién entendió la mente del Señor? ¿O quién fue su consejero? ¿O quién le dio a Él primero, para que le fuese recompensado? Porque de Él, y por Él, y para Él, son todas las cosas. A Él sea la gloria por los siglos. Amén. (Romanos 11.33-36)

Como Mefi-boset, somos hijos del Rey. Y como yo en Miami, nuestra ofrenda más grande es como los maníes comparado con lo que se nos da.

¡QUÉ DIFERENCIA!

Cuando falta la gracia de Dios, nace la amargura.

Pero cuando se abraza la gracia de Dios, el perdón florece.

Cuanto más caminemos en el jardín, más se nos pegará el aroma de las flores.

Cuanto más nos sumerjamos en la gracia, más daremos gracia.

La gracia obra

Romanos 6.11-12

Los que hemos muerto al pecado, ¿cómo viviremos aún en él? ROMANOS 6.2

Algunas veces doy dinero al final del sermón. No para pagar a los oyentes (aun cuando algunos tal vez piensen que se lo han ganado), sino para recalcar un punto. Ofrezco un dólar a cualquiera que quiera aceptarlo. Dinero regalado. Un obsequio. Invito a cualquiera que desee el billete que pase y lo tome.

La respuesta es previsible. Una pausa, un restregar de zapatos, una esposa que le da un codazo al esposo y él sacude la cabeza. Un adolescente empieza a ponerse de pie, pero se acuerda de su reputación. Un niño de cinco años empieza a caminar por el pasillo y su madre lo detiene con un tirón. Por último, algún alma valiente (o empobrecida) se pone de pie y dice: «¡Yo lo tomo!» Le entrego el billete y la aplicación empieza.

«¿Por qué no aceptaron mi oferta?», pregunto al resto. Algunos dicen que se sienten profundamente abochornados. El dolor no valía la pena. Otros temen una trampa, un truco. Y hay también quienes tienen gorda la billetera. ¿Qué es un dólar para quien tiene cientos?

Entonces como corolario surge la pregunta obvia. ¿Por qué la gente no acepta el regalo de Cristo? La respuesta es similar. Algunos se sienten demasiado avergonzados. Aceptar el perdón es admitir el pecado, un paso que nos cuesta dar. Otros temen una trampa, un truco. Sin duda debe haber algo impreso en letra menuda en la Biblia. Otros piensan: *¿Quién necesita perdón cuando se es tan bueno como yo?*

El punto surge solo. Inclusive cuando la gracia está al alcance de todos, pocos la aceptan. Muchos prefieren quedarse sentados y esperar mientras que solo unos pocos deciden levantarse y confiar.

Por lo general, es el fin. La lección terminó. Tengo un dólar menos, alguien tiene un dólar más y todos tenemos un poco más de sabiduría. Sin embargo, hace un par de semanas ocurrió algo que añadió una nueva dimensión al ejercicio. Mirta fue una mujer que dijo que sí al dólar. Hice la oferta y esperaba que alguien la aceptara, cuando ella gritó: «¡Yo lo quiero!»

Se levantó de un salto, vino al frente y le di el dólar. Ella regresó a su asiento, recalqué el punto y todos nos fuimos a casa.

La encontré unos pocos días más tarde y en tono de broma le dije que estaba ganando dinero con mis sermones.

—¿Tiene todavía el dólar? —le pregunté.

—No.

—¿Lo gastó?

—No. Lo regalé —respondió—. Cuando regresé a mi asiento un niño me pidió que le diera el dólar y le dije: «Aquí lo tienes. Me lo regalaron a mí y yo te lo regalo a ti».

Vaya, ¿no es asombroso? Tan sencillamente como lo recibió, lo dio. Tan fácilmente como vino, se fue. El muchacho no suplicó y ella no batalló. ¿Cómo podía ella, que había recibido un regalo, no dar un regalo a su vez? Quedó atrapada en manos de la gracia.

Usaremos estos capítulos finales para tratar sobre el impacto de la gracia. Ahora que hemos considerado la basura que hicimos y el Dios que tenemos, meditemos sobre la distinción que la gracia hace en nuestras vidas. Eso es, ¿qué apariencia tiene un cristiano impulsado por la gracia?

La gracia nos libera

En Romanos 6, Pablo formula una pregunta crucial: «Los que hemos muerto al pecado, ¿cómo viviremos aún en él?» (v. 2). ¿Cómo podremos nosotros que hemos sido justificados, vivir en injusticia? ¿Cómo podemos nosotros que hemos sido amados, no amar? ¿Cómo podemos nosotros que hemos sido bendecidos, no bendecir? ¿Cómo podemos nosotros a quienes se nos ha dado gracia, no vivir manifestando gracia?

¡Pablo parece quedar perplejo de que siquiera exista otra alternativa! ¿Cómo podría la gracia resultar en alguna otra cosa que no sea una vida llena de gracia? «¿Pues, qué diremos? ¿Perseveraremos en el pecado para que la gracia abunde? En ninguna manera» (v. 1-2).

El término doble para esta filosofía es antinomianismo: *anti*, que significa «contra» y *nomos*, que significa «ley moral». Los promotores de la idea ven la gracia como una razón para hacer el mal en lugar del bien. La gracia les concede licencia para el mal. Mientras más mal actúo, mejor parece Dios. Esta no es la primera referencia que Pablo hace a esta enseñanza. ¿Recuerdas Romanos 3.7? «Una persona quizás diga: "Por mi mentira, la verdad de Dios abundó para su gloria"».

¡Qué patraña! Ustedes, madres, no la tolerarían. ¿Pueden imaginarse a un adolescente diciendo: «Mamá, voy a tener mi cuarto en completo desorden para que todos los vecinos vean qué buena ama de casa eres?» Un jefe no le permitiría a su empleado que diga: «Soy holgazán porque eso le da a usted la oportunidad de mostrar su perdón». Nadie respeta al mendigo que rehúsa trabajar, afirmando: «Solo estoy dándole al gobierno la oportunidad de demostrar benevolencia».

Nos burlaríamos de tal hipocresía. No la toleraríamos, ni la haríamos.

¿O sí? Contestemos a eso poco a poco. Tal vez no pequemos *para* que Dios nos dé gracia, ¿pero pecamos alguna vez *sabiendo* que Dios dará gracia? ¿Alguna vez cometemos un pecado a la noche sabiendo que confesaremos a la mañana siguiente?

Es fácil ser como el sujeto que visitaba la ciudad de Las Vegas y llamó al predicador para preguntar a qué hora se celebraba el culto del domingo. El predicador quedó impresionado. «La mayoría de la gente no viene a Las Vegas para asistir a la iglesia».

«Ah, no. No vine para ir a la iglesia. Vine para jugar y parrandear y buscar mujeres. Si encuentro la mitad de la diversión que espero, necesitaré una iglesia a la cual asistir el domingo por la mañana».

¿Es esa la intención de la gracia? ¿Es el objetivo de Dios promover la desobediencia? De ninguna manera. «Porque la gracia de Dios se ha manifestado para salvación a todos los hombres, enseñándonos que, renunciando a la impiedad y a los deseos mundanos, vivamos en este siglo sobria, justa y piadosamente» (Tito 2.11-12). La gracia de Dios nos libra del egoísmo. ¿Por qué volver a eso?

La pena se ha pagado

Piénsalo de esta manera. El pecado te puso en prisión. El pecado te encerró detrás de las rejas de la culpa, vergüenza, engaño y temor. El pecado no hizo nada sino encadenarte a la muralla de la miseria. Entonces vino Jesús y pagó tu fianza.

Cumplió tu condena; satisfizo la pena y te libertó. Cristo murió, y cuando te entregaste a Él, tu viejo ser murió también.

La única manera de ser libres de la prisión del pecado es cumpliendo la condena. En este caso la pena es la muerte. Alguien tiene que morir, bien seas tú o un sustituto enviado del cielo. No puedes salir de la prisión a menos que haya muerte. Pero esa muerte ya ocurrió en el Calvario. Y cuando Jesús murió, moriste a la autoridad del pecado sobre tu vida. Eres libre.

Cerca de la ciudad de Sao José dos Campos, en Brasil, hay un asombroso establecimiento. Hace veinte años el gobierno del Brasil entregó una cárcel a dos cristianos. Le cambiaron el nombre a la institución y la llamaron Humaitá, con el plan de administrarla según los principios cristianos. Con la excepción de dos empleados a tiempo completo, todo el trabajo lo realizaban los prisioneros. Familias fuera de la cárcel adoptan a un preso para que trabaje con ellos durante y después de su condena. Chuck Colson visitó la cárcel y presentó este informe:

> Cuando visité Humaitá hallé a los presos sonriendo, en especial al asesino que tenía las llaves y me abrió la reja para dejarme entrar. Dondequiera que iba, veía a hombres en paz. Veía áreas de vivienda limpias, gente trabajando con esmero. Las paredes estaban decoradas con frases bíblicas de Salmos y Proverbios ... El guía me escoltó a la notoria celda de la prisión que en un tiempo se usaba para la tortura. Hoy esa sección aloja a un solo preso, me dijo. Al llegar al extremo de un largo corredor de cemento metió la llave en la cerradura, se detuvo y me preguntó: «¿Está seguro de que quiere entrar?»
>
> «Por supuesto», repliqué con impaciencia. «He estado en celdas de aislamiento solitario en todo el mundo». Lentamente empujó la pesada puerta y vi al prisionero en esa celda de castigo: un crucifijo hermosamente tallado por los presos de Humaitá. El prisionero Jesús, colgaba de la cruz.

«Está cumpliendo la condena por el resto de nosotros», me dijo reservadamente el guía.[1]

Cristo ha ocupado tu lugar. No hay necesidad que sigas en la celda. ¿Has oído alguna vez de un prisionero puesto en libertad que quería quedarse en la cárcel? Yo tampoco. Cuando las puertas se abren, el preso sale. Pensar que una persona prefiera la cárcel en lugar de la libertad no tiene lógica. Una vez pagada la pena, ¿por qué vivir bajo esclavitud? Eres libre de la penitenciaría del pecado. ¿Por qué, por todos los cielos, querrías volver a poner un pie en esa prisión?

Pablo nos recuerda: «Que nuestro viejo hombre fue crucificado juntamente con Él, para que el cuerpo del pecado sea destruido, a fin de que no sirvamos más al pecado. Porque el que ha muerto, ha sido justificado del pecado» (Romanos 6.6-7).

No dice que sea imposible que los creyentes pequen, sino dice que es una tontería que los creyentes pequen. «No es una imposibilidad literal ... sino una incongruencia moral» que los salvos vuelva al pecado.[2]

¿Qué tiene la prisión que deseas? ¿Echas de menos la culpabilidad? ¿Añoras la falta de honradez? ¿Tienes preciados recuerdos de cuando te mentían y te echaban al olvido? ¿Era tu vida mejor cuando estabas vencido y rechazado? ¿Tienes un ferviente anhelo de ver otra vez al pecador en el espejo?

No tiene sentido regresar a la cárcel.

El voto se ha hecho

No solo que el precio se ha pagado, sino que se ha hecho un

---

1 Charles Colson, «Making the World Safe for Religion» [Cómo hacer que el mundo sea seguro para la religión], *Christianity Today*, 8 de noviembre de 1993, p. 33.
2 Stott, *Romans: God's Good News for the World* [Romanos: Las buenas noticias de Dios para el mundo], p. 169.

voto. «¿O no sabéis que todos los que hemos sido bautizados en Cristo Jesús, hemos sido bautizados en su muerte?» (Romanos 6.3).

El bautismo no era una costumbre casual, ni ningún ritual insípido. El bautismo era y es «la aspiración de una buena conciencia hacia Dios» (1 Pedro 3.21).

El alto concepto que Pablo tiene del bautismo se demuestra en el hecho que sabe que a todos sus lectores se les ha instruido sobre su importancia. «¿O no *sabéis* que todos los que hemos sido bautizados en Cristo Jesús, hemos sido bautizados en su muerte?» (Romanos 6.3, cursivas mías).

¿Qué forma de amnesia es esta? Como una novia horrorizada al ver a su flamante esposo flirteando con las mujeres en la recepción de la boda, Pablo pregunta: «¿Se olvidaron de sus votos?»

En verdad, el bautismo es un voto sagrado del creyente para seguir a Cristo. Así como una boda celebra la fusión de dos corazones, el bautismo celebra la unión del pecador con el Salvador. Quedamos «unidos a Cristo Jesús por el bautismo» (Romanos 6.2, VP).

¿Comprenden los novios todas las implicaciones de la boda? No. ¿Conocen cada reto o amenaza que enfrentan? No. Pero saben que se aman y hacen votos de ser fieles hasta el fin.

Cuando un corazón voluntariamente entra en las aguas del bautismo, ¿sabe todas las implicaciones del voto? No. ¿Conoce cada tentación o desafío? No. Pero conoce el amor de Dios y responde a Él.

Por favor, comprende, no es el acto lo que nos salva. ¡Pero el acto es lo que simboliza cómo somos salvos! La obra invisible del Espíritu Santo queda dramatizada visiblemente en el agua.

La inmersión bajo las aguas que corrían fue como una muerte; la pausa del momento mientras las aguas corrían sobre la cabeza fue como ser sepultado; ponerse de pie una vez más en el aire y la luz del sol fue una especie de resurrección.[3]

Quítate los zapatos, inclina la frente y dobla las rodillas; este es un suceso santo. No se debe tomar el bautismo a la ligera.

Volver al pecado después de sellar nuestras almas en el bautismo es como cometer adulterio en la luna de miel. ¿Puedes imaginarte a la afligida flamante esposa descubriendo a su esposo en los brazos de otra mujer apenas días después de haber oído sus votos en el altar? Entre las muchas palabras candentes que ella diría, más que seguro estaría la pregunta: «¿Te has olvidado de lo que me prometiste?»

Similarmente Dios pregunta: «¿No significa nada para ti nuestra unión? ¿Es nuestro pacto tan frágil que prefieres los brazos de una ramera en lugar de los míos?»

¿Quién, en sus cabales, abandonaría estos votos? ¿Quién se interesará más por ti que Cristo? ¿Te has olvidado lo que era la vida antes del bautismo? ¿Te has olvidado del desastre en que estábamos antes de que nos uniéramos a Él? Escogí la palabra *desastre* a propósito. ¿Puedo relatarte de un desastre del que me alegro haber salido? Mi departamento de soltero.

Expuesto a una norma más alta

De todos los epítetos que me han dicho, nadie me ha acusado jamás de ser un quisquilloso por la pulcritud. Algunas personas tienen un alto índice de resistencia al dolor; yo tengo un alto índice de resistencia a la basura. No es que mi mamá no lo haya intentado. Ni tampoco es que ella fracasó. Mientras estaba bajo su techo lavaba mi plato y ponía en su lugar mis calzoncillos. Pero una vez que salí de la casa paterna, me liberé de verdad.

La mayor parte de mi vida he sido un cochino a escondidas.

---

3   William Sanday y Arthur C. Headlam, «A Critical and Exegetical Commentary on the Epistle to the Romans» [Comentario exegético y crítico sobre la epístola a los Romanos], en *The International Commentary* [Comentario internacional].

Fui lento para ver la lógica de la pulcritud. ¿Para qué tender la cama si te vas a volver a acostar en ella? ¿Tiene sentido lavar los platos después de una sola comida? ¿No es más fácil dejar la ropa en el piso, al pie de la cama, de modo que cuando te levantes esté allí para ponértela? ¿Se gana algo al volver a tapar esta noche el tubo de dentífrico solo para volver a destaparlo mañana?

Persistía como cualquiera; solo que persistía en ser cochino. La vida es demasiado corta como para emparejar los calcetines; ¡sencillamente compra pantalones más largos!

Entonces me casé.

Denalyn fue muy paciente. Dijo que no le importaban mis hábitos... si a mí no me importaba dormir afuera. Puesto que me importaba, empecé a cambiar.

Me inscribí en un programa de doce pasos para cochinos. («Me llamo Max y detesto pasar la aspiradora».) Un terapeuta físico me ayudó a descubrir los músculos que se usan para colgar camisas y colocar el papel higiénico en su soporte. Mi nariz recibió entrenamiento para percibir la fragancia del limpiador. Para cuando los padres de Denalyn vinieron a visitarnos, era un nuevo hombre. Podía pasarme tres días sin echar un calcetín detrás del sofá.

Pero entonces llegó el momento de la verdad. Denalyn se fue de viaje por una semana. En un principio, volví a ser el viejo hombre. Me figuré que podía ser un cochino durante seis días y limpiar en el séptimo. Pero algo extraño ocurrió, una incomodidad curiosa. No podía sentirme tranquilo con la pila de platos sucios en el lavaplatos. Cuando vi una bolsa de papas fritas vacía en el piso, no te caigas para atrás, ¡me incliné y la recogí! En efecto, puse la toalla de nuevo en el toallero. ¿Qué me había ocurrido?

Sencillo. Había quedado expuesto a una norma más alta.

¿No es eso lo que nos ha ocurrido? ¿No es ese el meollo del

argumento de Pablo? ¿Cómo podemos nosotros que nos han libertado del pecado regresar a lo mismo? Antes de Cristo nuestras vidas estaban fuera de control, eran cochinas y dadas a la indulgencia. No sabíamos que éramos cochinos hasta que lo conocimos a Él.

Entonces Él entró. Las cosas empezaron a cambiar. Lo que tirábamos por todos lados empezamos a ponerlo en su lugar. Lo que descuidábamos, empezamos a limpiarlo. Lo que estaba en desorden se puso en orden. Ah, había y todavía hay recaídas ocasionales en pensamiento y obra, pero en general Él puso nuestra casa en orden.

De pronto nos hallamos queriendo hacer el bien. ¿Regresar al antiguo desastre? ¿Bromeas? «Pero gracias a Dios, que aunque erais esclavos del pecado, habéis obedecido de corazón a aquella forma de doctrina a la cual fuisteis entregados; y libertados del pecado, vinisteis a ser siervos de la justicia» (Romanos 6.17-18).

¿Puede un preso puesto en libertad regresar a su prisión? Sí. Pero debe recordar las paredes grises y las largas noches. ¿Puede un recién casado olvidarse de sus votos? Sí. Pero debe recordar su voto sagrado y su hermosa esposa. ¿Puede un cochino convertido volver a ser lo mismo? Sí. Pero debe considerar la diferencia entre la suciedad de ayer y la pureza de hoy.

¿Puede una persona a la que se le ha dado un obsequio no compartir ese obsequio con otros? Supongo que sí. Pero debe recordar a Mirta. Debe recordar que, como ella, recibió un regalo. Debe recordar que todo en la vida es un regalo de la gracia. Y que el llamado de la gracia es tener una vida llena de gracia.

Porque así es como obra la gracia.

12 | Entrega voluntaria

Lucas 22.54-62

¡Miserable de mí! ROMANOS 7.24

Charles Robertson debería haberse entregado voluntariamente. No que lo hubieran declarado inocente; había robado un banco. Pero al menos no hubiera sido el hazmerreír de Virginia Beach.

En aprietos financieros, Robertson, de diecinueve años, se dirigió al Banco Estatal de Jefferson un miércoles por la tarde, llenó una solicitud de préstamo y salió. Al parecer, cambió de idea y optó por un plan más rápido. Regresó dos horas más tarde con una pistola, una bolsa y una nota exigiendo dinero. La cajera obedeció y pronto Robertson tenía en sus manos una bolsa con el botín.

Figurándose que la policía estaría ya en camino, salió apresurado por la puerta del frente. Estaba a medio camino de llegar a su automóvil, cuando se dio cuenta de que había dejado la nota. Temiendo que pudieran usarla como evidencia en su contra, regresó a toda prisa al banco y se la arrebató a la cajera. Ahora, teniendo la nota y el dinero, corrió de nuevo hasta donde había estacionado su vehículo. Allí fue cuando se dio cuenta de que había dejado sus llaves sobre el mostrador cuando regresó en busca de la nota.

«En ese momento», dijo entre risas un detective, «el pánico total se apoderó de él».

Robertson se metió a hurtadillas en el servicio higiénico de un restaurante de comidas rápidas. Quitó una de las losetas del cielo raso y escondió el dinero y la pistola calibre 25. Agazapándose por entre los callejones y andando a gatas detrás de los automóviles, finalmente llegó a su departamento donde su compañero, que no sabía nada del robo, lo recibió diciéndole: «Necesito mi automóvil».

Robertson había pedido prestado el vehículo para escapar. En lugar de confesar el crimen y admitir su chapucería, echó otra palada de tierra en el hoyo: «Eh, este, se lo robaron», mintió.

Mientras Robertson observaba lleno de pánico, el compañero llamó a la policía para informar el robo del vehículo. Como veinte minutos más tarde, un agente descubrió el automóvil «robado» como a una manzana de distancia del banco que acababan de robar. En la radio de la policía ya se había dado la información que el ladrón se había olvidado las llaves. El agente sumó dos más dos y probó las llaves en el vehículo. Sirvieron.

Los detectives fueron a la dirección de la persona que informó sobre el vehículo robado. Allí hallaron a Robertson. Confesó, le acusaron de robo y lo encarcelaron. Sin fianza, sin préstamo, sin bromas.

Algunos días es difícil hacer algo bien. Es incluso más difícil hacer bien algo *errado*. Robertson no está solo. Nosotros hemos hecho lo mismo. Tal vez no robamos dinero, pero nos hemos aprovechado de nuestros sentidos, o los hemos controlado, o echado a un lado y luego, como el ladrón, escapar. Huyendo a la carrera por los callejones del engaño. Escondiéndonos detrás de los edificios del trabajo sin hacer o fechas límites que cumplir. Aun cuando tratamos de actuar como si nada, cualquiera que nos observa de cerca puede vernos que estamos en aprietos: Miramos de reojo, nos retorcemos las manos y nuestra charla demuestra nerviosismo. Decididos a encubrirlo, nos retorcemos o esquivamos, cambiando el tema y la dirección. No queremos que nadie sepa la verdad, sobre todo Dios.

Pero desde el principio Dios ha exigido sinceridad. Nunca ha exigido perfección, pero sí espera veracidad. Ya en los días de Moisés, Dios dijo:

> Y confesarán su iniquidad, y la iniquidad de sus padres, por su prevaricación con que prevaricaron contra mí; y también porque anduvieron conmigo en oposición, yo también habré andado en contra de ellos, y los habré hecho entrar en la tierra de sus enemigos; y entonces se humillará su corazón incircunciso, y reconocerán su pecado. Entonces yo me acordaré de mi pacto con Jacob, y asimismo de mi pacto con Isaac, y también de mi pacto con Abraham me acordaré, y haré memoria de la tierra. (Levítico 26.40-42)

Corazones sinceros conducen a adoración sincera

Nehemías sabía el valor de la sinceridad. Al oír de las murallas arruinadas de Jerusalén, ¿echó la culpa a Dios? ¿Culpó al cielo? De ninguna manera. Lee su oración: «Confieso los pecados de los hijos de Israel que hemos cometido contra ti; sí, yo y la casa de mi padre hemos pecado. En extremo nos hemos corrompido contra ti, y no hemos guardado los mandamientos, estatutos y preceptos que diste a Moisés tu siervo» (Nehemías 1.6-7).

Aquí tenemos al segundo hombre más poderoso en el reino entregándose voluntariamente, aceptando la responsabilidad por la caída de su pueblo. La escena de esta confesión personal, no obstante, no es nada comparada con el día en que toda la nación se arrepintió. «Estando en pie, confesaron sus pecados, y las iniquidades de sus padres. Y puestos de pie en su lugar, leyeron el libro de la ley de Jehová su Dios la cuarta parte del día, y la cuarta parte confesaron sus pecados y adoraron a Jehová su Dios» (Nehemías 9.2-4).

¿Puedes imaginarte el suceso? Cientos de personas pasando horas en oración, no haciendo peticiones sino confesiones. «Soy culpable, Dios». «Te he fallado, Padre».

Tal franqueza pública es común en las Escrituras. Dios instruyó al sumo sacerdote a que pusiera «sus dos manos sobre la cabeza del macho cabrío vivo, y confesará sobre él todas las iniquidades de los hijos de Israel, todas sus rebeliones y todos sus pecados, poniéndolos así sobre la cabeza del macho cabrío, y lo enviará al desierto por mano de un hombre destinado para esto. Y aquel macho cabrío llevará sobre sí todas las iniquidades de ellos a tierra inhabitada; y dejará ir el macho cabrío por el desierto» (Levítico 16.21-22).

En virtud de este drama el pueblo aprendió que Dios detesta el pecado y lo enfrenta. Antes de que pudiera haber adoración sincera, debía haber corazones sinceros.

La motivación de la verdad

La confesión hace por el alma lo que la preparación del terreno por el campo. Antes de sembrar la semilla el agricultor prepara la tierra, quita las piedras y saca los restos. Sabe que la semilla crece mejor si se prepara la tierra. La confesión es el acto de invitar a Dios a recorrer el terreno de nuestros corazones. «Hay una piedra de codicia aquí, Padre. No puedo moverla. ¿Y ese árbol de culpabilidad junto a la cerca? Tiene raíces largas y bien enterradas. ¿Podría mostrarte un espacio seco, demasiado duro para la semilla?» La semilla de Dios crece mejor si el terreno del corazón está limpio.

Y así el Padre y el Hijo recorren juntos el campo; excavando y extrayendo, preparando el corazón para el fruto. La confesión invita al Padre a recorrer el camino del alma.

La confesión busca el perdón de Dios, no su amnistía. El perdón presume culpa; la amnistía, derivada de la misma raíz griega de donde procede *amnesia*, «olvida» la aparente ofensa sin imputar culpa. La confesión admite el error y busca perdón; la amnistía niega el mal y declara inocencia.

Muchos elevan oraciones pidiendo perdón cuando en realidad lo que desean es amnistía. Por consiguiente, nuestra adoración es muy fría (¿por qué agradecer a Dios una gracia que no necesitamos?) y nuestra fe es débil (esto puedo arreglarlo solo, gracias). Somos mejores para dejar a Dios afuera antes que para invitarlo a entrar. Los domingos por la mañana se atiborran preparando el cuerpo para el culto, preparando el cabello para el culto, preparando la ropa para la adoración... pero, ¿preparando el alma?

¿Yerro el blanco al decir que muchos asistimos a la iglesia a la carrera? ¿Me voy por la tangente al decir que muchos *pasamos la vida a la carrera*?

¿Exagero el caso al anunciar: «¡Gracia significa que ya no tienes que andar corriendo!? Es la verdad. La gracia quiere decir que al fin es seguro entregarnos voluntariamente.

Un modelo de la verdad

Pedro lo hizo. ¿Recuerdas a Pedro? ¿Aquel que «blande la espada y niega al Señor»? ¿El apóstol que fanfarroneaba un minuto y salía huyendo al siguiente? Se quedó dormido cuando debía orar. Negó cuando debía haber defendido. Soltó palabrotas cuando debía haber confortado. Huyó cuando debía haberse quedado. Recordamos a Pedro como el que echó a correr, ¿pero recordamos a Pedro como el que regresó y confesó? Deberíamos hacerlo.

Tengo una pregunta para ti.

¿Cómo supieron de su pecado los escritores del Nuevo Testamento? ¿Quién les contó su traición? Y, más importante, ¿cómo supieron los detalles? ¿Quién les habló de la criada en el patio y los soldados encendiendo la fogata? ¿Cómo supo Mateo que fue el acento de Pedro lo que levantó las sospechas? ¿Cómo se enteró Lucas que Jesús miró a Pedro? ¿Quién les contó a los cuatro sobre el canto del gallo y las lágrimas que corrieron?

¿El Espíritu Santo? Supongo que sí. Bien pudiera ser que cada escritor supo los detalles por inspiración. O lo más probable es que cada uno supo de la traición mediante una confesión franca. Pedro se entregó voluntariamente. Como el ladrón del banco, cometió su chapucería y salió huyendo. A diferencia del ladrón, Pedro se detuvo y pensó. En algún lugar entre las sombras de Jerusalén dejó de correr, cayó de rodillas, hundió su cara entre sus manos y se rindió.

Pero no solo se rindió, sino que se franqueó. Regresó a la habitación donde Jesús partió el pan y repartió la copa. (Dice mucho respecto a los discípulos que le hayan abierto de nuevo la puerta a Pedro.)

Allí lo tenemos, cada célula de su figura llenando el marco de la puerta. «Amigos, tengo que decirles algo». Y allí es cuando se enteran de la fogata, de la esclava y de la mirada de Jesús. Allí es cuando se enteran de las palabrotas y del canto del gallo. Así es como oyen la historia. Pedro se entregó voluntariamente.

¿Cómo podemos estar seguros? Dos razones.

1. *No pudo permanecer alejado.* Cuando les llegó la noticia que la tumba estaba vacía, ¿quién fue el primero que salió del cuarto? Pedro. Cuando supieron la noticia que Jesús estaba en la playa, ¿quién fue el primero en bajarse del barco? Pedro. Andaba de nuevo a la carrera. Solo que ahora corría en buena dirección.

Esta es una útil regla general: Los que pretenden que Dios

no sepa sus secretos, se mantienen a distancia de Él. Los que son francos con Dios, se acercan a Él.

Esto no es nada nuevo. Ocurre entre las personas. Si me prestas tu automóvil y lo choco, ¿procuraré verte de nuevo? No. No es coincidencia que el resultado del primer pecado fue agazaparse entre los matorrales. Adán y Eva comieron del fruto, oyeron la voz de Dios en el huerto y se agazaparon detrás de las hojas.

«¿Dónde estás tú?», preguntó Dios, no para su beneficio. Sabía bien dónde estaban. La pregunta fue espiritual, no geográfica. «Examinen dónde están, hijos. No están donde estaban. Antes estaban a mi lado; ahora se esconden de mí».

Los secretos levantan una cerca en tanto que la confesión construye un puente.

Una vez había una pareja de agricultores que no se llevaban bien entre sí. Un gran barranco separaba sus dos granjas, pero como señal de su mutua aversión, cada uno construyó una cerca a su lado de la zanja para dejar al otro afuera.

Sin embargo, con el tiempo, la hija de uno de ellos conoció al hijo del otro y la pareja se enamoró. Decididos a no dejarse separar por la insensatez de sus padres, derribaron la cerca y usaron la madera para construir un puente sobre el barranco.

La confesión hace eso. Los pecados confesados llegan a ser puentes sobre los cuales podemos cruzar de regreso a la presencia de Dios.

Hay una segunda razón por la que estoy seguro de la confesión de Pedro.

2. *No pudo quedarse en silencio.* Apenas cincuenta días después de negar a Cristo, Pedro estaba predicándolo. Pedro insultó a su Señor en la Pascua. Proclamó a su Señor en la fiesta. Esta no es la acción de un fugitivo. ¿Qué le transformó de traidor a orador? Dejó que Dios enfrentara los secretos de su

vida. «Confesaos vuestras ofensas unos a otros, y orad unos por otros, para que seáis sanados» (Santiago 5.16).

«Si confesamos nuestros pecados, Él es fiel y justo para perdonar nuestros pecados, y limpiarnos de toda maldad» (1 Juan 1.9).

El fugitivo vive en temor, pero el penitente vive en paz.

El momento de la verdad

De nuevo, Jesús nunca ha exigido que seamos perfectos, solo que seamos sinceros. «He aquí, tú amas la verdad en lo íntimo», escribió David (Salmo 51.6). Pero para la mayoría, la sinceridad es una terca virtud. «Yo, ¿ladrón?», preguntamos con el revólver en una mano y el botín en la otra.

No fue fácil para Pedro. Se autoconsideraba el AMV (apóstol más valioso). ¿No fue uno de los primeros seleccionados? ¿No era uno de los tres escogidos? ¿No confesó a Cristo cuando los demás se quedaron en silencio? Pedro nunca pensó que necesitaba ayuda hasta que alzó sus ojos del fuego y se encontró con la mirada de Jesús. «Mientras él todavía hablaba, el gallo cantó. Entonces, vuelto el Señor, miró a Pedro» (Lucas 22.60-61).

Jesús y Pedro no son los únicos en esa calle a la medianoche; pero es como si lo fueran. A Jesús lo rodean sus acusadores, pero no responde. Lo rodean sus enemigos, pero Él no reacciona. El aire de la noche está cargado de insultos, pero Jesús no oye. Pero que uno de sus seguidores resbale cuando debía haberse mantenido firme... y la cabeza del Maestro se levanta y sus ojos buscan por entre las sombras y el discípulo lo sabe.

«Desde los cielos miró Jehová; vio a todos los hijos de los hombres; desde el lugar de su morada miró sobre todos los moradores de la tierra. Él formó el corazón de todos ellos; atento está a todas sus obras» (Salmo 33.13-15).

Tú sabes cuando Dios lo sabe. Tú sabes cuando te está

mirando. Tu corazón te lo dice. La Biblia te lo dice. Tu espejo te lo dice. Mientras más corras, más se complica la vida. Pero mientras más pronto confieses, más ligera se vuelve tu carga. David lo sabía. Él escribió:

> Mientras callé,
>   se envejecieron mis huesos
>   en mi gemir todo el día.
> Porque de día y de noche se agravó sobre mí tu mano;
>   Se volvió mi verdor en sequedades de verano. Selah
> Mi pecado te declaré,
>   y no encubrí mi iniquidad.
> Dije: Confesaré mis transgresiones a Jehová;
>   Y tú perdonaste la maldad de mi pecado. (Salmo 32.3-5)

Estos versículos me recuerdan una falta que cometí en la secundaria. (Mi madre dice que no debería usar las trastadas de mi juventud como ilustraciones. Pero, ¡hay tantas!) Nuestro entrenador de béisbol tenía prohibido estrictamente mascar tabaco. Había un par de jugadores de los que se sabía que mascaban a escondidas y quería llamarnos la atención al respecto.

Captó nuestra atención; es cierto. Antes de que pasara mucho tiempo todos lo habíamos probado. Una experiencia segura de hombría era meterse en la boca un poco de tabaco cuando se pasaba el paquete de mano en mano. A duras penas había logrado que me seleccionaran; no tenía ninguna gana de fracasar en esta prueba de hombría.

Un día acababa de meterme a la boca la pulgarada de tabaco cuando uno de los jugadores advirtió: «¡Ahí viene el entrenador!» No queriendo que me descubriera hice lo que se hace naturalmente: tragué. *Glú*.

Añadí un nuevo significado a la porción bíblica: «Mi cuerpo iba decayendo por mi gemir de todo el día ... Como flor marchita por el calor del verano, así me sentía decaer». Pagué el precio de ocultar mi desobediencia.

Mi cuerpo no se hizo para ingerir tabaco. Tu alma no se hizo para ingerir pecado.

¿Puedo hacerte una pregunta directa? ¿Guardas algún secreto que no quiere que Dios sepa? ¿Hay alguna parte de tu vida fuera de límites? ¿Alguna bodega sellada o ático con llave? ¿Alguna parte de tu pasado o presente que esperas que Dios nunca lo traiga a colación?

Aprende una lección del ladrón: Mientras más corras, peor es. Aprende una lección de Pedro: Mientras más pronto hables con Jesús, más hablarás por Él. Y recibe un consejo de un beisbolero enfermo con náusea. Te sentirás mejor después de haberlo arrojado.

Una vez que estás en manos de la gracia eres libre para ser franco. Entrégate antes de que las cosas se pongan peor. Te alegrarás de haberlo hecho.

Y serás sincero con Dios.

13 Gracia suficiente

2 Corintios 12.7-9

Y para que la grandeza de las revelaciones no me exaltase desmedidamente, me fue dado un aguijón en mi carne, un mensajero de Satanás que me abofetee, para que no me enaltezca sobremanera; respecto a lo cual tres veces he rogado al Señor, que lo quite de mí. Y me ha dicho: Bástate mi gracia; porque mi poder se perfecciona en la debilidad. 2 CORINTIOS 12.7-9

Esta es la escena: tú, yo y otra media docena de amigos volamos en un avión alquilado. De pronto el motor estalla en llamas y el piloto sale corriendo de la cabina.

—¡Nos vamos a estrellar! —grita—. ¡Tenemos que saltar!

Es bueno que él sepa dónde están los paracaídas, porque nosotros no lo sabemos. Los distribuye, nos da unas pocas indicaciones y nos colocamos en fila mientras él abre la puerta. El primer pasajero se aproxima a la salida y grita por sobre el ruido del viento:

—¿Puedo pedir algo?

—Por supuesto, ¿de qué se trata?

—¿Me podrían dar un paracaídas rosado?

—¿No es suficiente con que al menos

149

tenga un paracaídas? —dice el piloto incrédulo mientras menea la cabeza.

Y así el primer pasajero salta. El segundo se acerca a la puerta.

—¿Me pregunto si de alguna manera podría asegurarme de que no tendré náuseas durante la caída?

—No, pero puedo asegurarle de que tendrá un paracaídas al saltar.

Cada uno de nosotros viene con una petición y recibe un paracaídas.

—Por favor, capitán —dice uno—. Tengo miedo a las alturas. ¿Me podría quitar mi temor?

—No —replica él—, pero le daré un paracaídas.

—¿No podría cambiar los planes? Dejemos que el avión se estrelle. A lo mejor salimos vivos —suplica otro por una estrategia diferente.

—No sabe lo que está pidiendo —dice sonriendo y con suavidad empuja al sujeto por la puerta.

Otro pasajero quiere gafas para los ojos, otro quiere botas y otro quiere esperar hasta que el avión esté más cerca de la tierra.

—Ustedes no comprenden —grita el piloto mientras nos «ayuda» a uno por uno—. Les he dado un paracaídas; eso es suficiente.

Solo se necesita un artículo para saltar y él lo ofrece. Coloca en nuestras manos la herramienta estratégica. El obsequio es adecuado. Pero, ¿quedamos contentos? No. Estamos inquietos, llenos de ansiedad, incluso exigentes.

¿Demasiado loco para ser cierto? Tal vez en un avión con pilotos y paracaídas, ¿pero en la tierra con gente y con la gracia? Dios oye miles de peticiones por segundo. Algunas son legítimas. Nosotros también le pedimos a Dios que nos quite el temor o que cambie los planes. Por lo general, Él responde con un suave empujón que nos deja flotando en el aire y sostenidos por su gracia.

El problema: Cuando Dios dice no

Hay ocasiones cuando lo único que quieres es lo que nunca pudiste tener. No significa que seas fastidioso ni exigente; simplemente obedeces su mandamiento de «sean conocidas vuestras peticiones delante de Dios» (Filipenses 4.6). Todo lo que quieres es una puerta abierta, o un día adicional, o una oración contestada, con lo que quedarás agradecido.

Y así oras y esperas.

No hay respuesta.

Oras y esperas.

No hay respuesta.

Oras y esperas.

¿Puedo hacerte una pregunta muy importante? ¿Qué tal si Dios dice no?

¿Qué tal si la petición tarda o te la niega? Cuando Dios te dice que no, ¿cómo respondes? Si Dios dice: «Te he dado mi gracia y eso es suficiente», ¿te quedarías contento?

Contento. Esa es la palabra. Un estado del corazón en el cual estarás en paz aun cuando Dios no te dé más de lo que ya te ha dado. Pruébate con esta pregunta: ¿Qué tal si el único regalo que Dios te da fuera su gracia para salvarte? ¿Te contentarías? Le suplicarías que te salve la vida a tu hijo. Le rogarías que mantenga a flote tu negocio. Le implorarías que elimine el cáncer de tu cuerpo. ¿Qué tal si su respuesta es: «Bástate mi gracia». ¿Te quedarías contento?

Como ves, desde la perspectiva del cielo, la gracia es suficiente. Si Dios no haría nada más que salvarnos del infierno, ¿se quejaría alguno? Si Dios salvara nuestras almas y luego nos dejara para que vivamos leprosos o en una isla desierta, ¿sería injusto? Después de darnos la vida eterna, ¿nos atrevemos a

rezongar por un cuerpo dolorido? Después de darnos las riquezas eternas, ¿nos atrevemos a lamentar la pobreza terrenal?

Permíteme que me apresure a añadir: Dios no te ha dejado
«solo con la salvación». Si tienes ojos para leer estas palabras,
manos para sostener este libro, los medios para comprar este
volumen, ya tienes gracia sobre gracia. ¡La gran mayoría hemos
sido salvos y luego bendecidos incluso más!

Pero existen las ocasiones cuando Dios, después de darnos
su gracia, oye nuestras súplicas y dice: «Mi gracia es suficiente
para ti». ¿Estás siendo injusto?

En *God Came Near* [Dios se acercó] relaté cómo nuestra hija
mayor se cayó en una piscina cuando tenía dos años. Un amigo
la vio y la sacó.[1] Lo que no dije fue lo que ocurrió a la mañana
siguiente durante mi tiempo de oración. De manera especial-
mente expresa anoté en mi diario mi gratitud. Le dije a Dios
cuán maravilloso fue Él al salvar a la niña. Con tanta claridad
como si Dios mismo hablara, me vino esta pregunta a la cabeza:
*¿Sería menos maravilloso si la hubiera dejado ahogar? ¿Sería un
Dios menos bondadoso por llevarla a su hogar celestial? ¿Estaría
todavía elevándole mi alabanza esta mañana si no le hubiera
salvado la vida?*

¿Es todavía un Dios bueno cuando dice no?

El ruego: Quita el aguijón

Pablo luchó con esto. Conocía la angustia de la oración sin
contestar. Encabezando su lista de oración había una petición
no identificada que dominaba sus pensamientos. Le asignó a su
ruego un código: «una espina clavada en el cuerpo» (2 Corintios 12.7, NVI). Tal vez el dolor era demasiado íntimo como
para ponerlo en el papel. Tal vez la petición se elevó tan a
menudo que recurrió a un tipo de abreviatura. «Aquí estoy para

---

1   Max Lucado, *God Came Near*, Multnomah Press, Portland, OR, 1987, pp. 151-152.

hablarte de nuevo de la espina, Padre». ¿O sería que al dejar el ruego en forma genérica, la oración de Pablo podría ser la nuestra? ¿No tenemos todos un aguijón en la carne?

En algún punto del sendero de la vida nuestro cuerpo sufre el aguijonazo dado por una persona o un problema. Nuestro paso se convierte en cojera, nuestro andar se hace cada vez más lento hasta que se detiene; tratamos de volver a andar tan solo para estremecernos por el dolor de cada esfuerzo. Por último, clamamos a Dios que nos ayude.

Tal fue el caso de Pablo. (Dicho sea de paso, ¿no encuentras alentador que incluso Pablo tuviera un aguijón en su carne? Nos consuela saber que uno de los escritores de la Biblia no siempre estaba en la misma página que Dios.)

Uno no recibe un aguijón a menos que se mueva y Pablo nunca se detuvo. Tesalónica, Jerusalén, Atenas, Corinto. Si no predicaba, estaba en la cárcel debido a su predicación. Pero esta espina estorbaba su andar. El aguijón penetró por la suela de la sandalia, llegó hasta lo más profundo de su corazón y pronto se convirtió en asunto de intensa oración. «Tres veces he rogado al Señor, que lo quite de mí» (2 Corintios 12.8).

Esta no fue una petición casual, ni una posdata en una carta. Fue la primera súplica de la primera frase. «Querido Dios, ¡necesito ayuda!»

Tampoco se trataba de un escozor superficial. Fue una «puñalada de dolor». Cada paso que daba hacía que toda la pierna se estremeciera. En tres ocasiones diferentes se fue cojeando a un lado del sendero y oró. Su petición fue clara, lo mismo que la respuesta de Dios: «Te basta mi gracia» (v. 9, NVI).

¿Qué era este aguijón en la carne? Nadie lo sabe con seguridad, pero las siguientes ideas son las mejores candidatas.

1. *Tentación sexual.* ¿Batallando Pablo contra la carne? Tal vez. Después de todo, era soltero. Describe la tentación como

alguien que la conoce de primera mano. «Y yo sé que en mí, esto es, en mi carne, no mora el bien; porque el querer el bien está en mí, pero no el hacerlo. Porque no hago el bien que quiero, sino el mal que no quiero, eso hago» (Romanos 7.18-19). ¿Está Pablo pidiéndole a Dios que de una vez por todas lo libre de su sed por las aguas prohibidas?

2. Tal vez el problema no era la carne, sino sus *enemigos*; no la tentación, sino la oposición. El pasaje da indicios de esa posibilidad. «Un mensajero de Satanás» (2 Corintios 12.7). Pablo tenía sus opositores. Había quienes cuestionaban su apostolado (2 Corintios 12.12). Había algunos que socavaban su mensaje de la gracia (Gálatas 1.7). Dicho sea de paso, cuando Pablo escribió sobre este «mensajero de Satanás que me abofetee», no exageraba. Quítale la túnica y verás las cicatrices. O, ya que no puedes hacer eso, lee sobre sus ataques.

En peligros de muerte muchas veces. De los judíos cinco veces he recibido cuarenta azotes menos uno. Tres veces he sido azotado con varas; una vez apedreado; tres veces he padecido naufragio; una noche y un día he estado como náufrago en alta mar; en caminos muchas veces; en peligros de ríos, peligros de ladrones, peligros de los de mi nación, peligros de los gentiles, peligros en la ciudad, peligros en el desierto, peligros en el mar, peligros entre falsos hermanos (2 Corintios 11.23-26).

¿Podría alguien culpar a Pablo de pedir alivio? El cuerpo solo puede soportar hasta cierto punto. Uno se agota al vivir en la mira de la escopeta de Satanás. «Dios, ¿qué tal si limitamos este año los ataques verbales y dejas que mis lesiones se curen? O, ¿podríamos espaciar los azotes y los apedreamientos de modo que no todos me caigan encima a la vez? Tengo una luxación en el cuello que me despierta cada vez que giro la cabeza. ¿Y recuerdas la noche en la cárcel de Filipos? Mi espalda todavía no acaba de recuperarse».

3. Por supuesto, había quienes pensaban que Pablo merecía

cada latigazo, lo que nos lleva a una tercera posibilidad. Algunos piensan sin rodeos que el aguijón era *su naturaleza*. Cuando estudiaba a los pies de Gamaliel, tal vez se quedó dormido el día en que se trató sobre el tema del tacto. Antes de conocer la gracia, había matado cristianos. Después que conoció la gracia, acribillaba a los creyentes. ¿Ejemplo? «Pero cuando Pedro vino a Antioquía, le resistí cara a cara, porque era de condenar» (Gálatas 2.11). Escrito como un verdadero diplomático. En opinión de Pablo, o estaba del lado de Dios o del lado de Satanás, y si se deslizaba del primero al segundo, no lo guardaba en secreto. «De los cuales son Himeneo y Alejandro, a quienes entregué a Satanás para que aprendan a no blasfemar» (1 Timoteo 1.20).

Todo el mundo al alcance de su lengua y pluma sabía cómo se sentía y cuándo agacharse.

4. Por otro lado, se puede argumentar que la espina no fue ni la tentación, ni la oposición, ni sus habilidades en las relaciones públicas; quizás fue *su cuerpo*. ¿Recuerdas sus palabras al final de una de sus cartas? «Mirad con cuán grandes letras os escribo de mi propia mano» (Gálatas 6.11). Tal vez sus ojos eran débiles. A lo mejor nunca se recuperó de aquel viaje a Damasco. Dios captó su atención con una luz tan brillante que Pablo quedó ciego tres días. Quizás nunca se recuperó por completo. Su visión clara de la cruz pudo haberle brindado una visión clara de todo lo demás. A los Gálatas escribió que «si hubieseis podido, os hubierais sacado vuestros propios ojos para dármelos» (Gálatas 4.15).

En la profesión de Pablo, la limitada agudeza visual podía ser un riesgo ocupacional. Es difícil viajar si no se ve el sendero. No es fácil escribir epístolas cuando no se puede ver la página. Vista débil exige mayor esfuerzo de los ojos, lo cual provoca dolores de cabeza, lo que produce largas noches y largas oraciones pidiendo alivio. «Dios, ¿habrá alguna posibilidad de volver a ver?»

Es difícil causar buena impresión en la multitud si sus ojos se fijan en un árbol pensando que es una persona. Esto trae a colación una posibilidad final.

5. Damos por sentado que Pablo fue un orador dinámico, pero quienes lo oían podrían haber discrepado. Oyó que decían de él en Corinto «la palabra menospreciable» (2 Corintios 10.10). El apóstol no discutió al respecto. «Estuve entre vosotros con debilidad, y mucho temor y temblor; y ni mi palabra ni mi predicación fue con palabras persuasivas de humana sabiduría, sino con demostración del Espíritu y de poder» (1 Corintios 2.3-4). ¿Traducción? *Estuve tan asustado que tartamudeaba, tan nervioso que me olvidé de lo que decía y el hecho que ustedes oyeron algo por lo menos es nada más que testimonio para Dios.*

Regresemos por un minuto y resumamos todo eso. (No sé cómo te imaginas a Pablo, pero esa imagen tal vez esté a punto de cambiar.) Tentado con frecuencia. Azotado regularmente. Terco. Vista pobre. Lengua mordaz. ¿Es este el apóstol Pablo? (Pudiera ser que nunca se haya casado porque no logró conseguir que alguien saliera con él.) No es sorpresa que algunos cuestionen si fue apóstol.

Y no es sorpresa que oró.

El principio: La gracia es suficiente

¿Son inapropiadas algunas de estas peticiones? ¿No hubiera sido mejor apóstol sin tentación, ni enemigos, con una expresión de calma, buenos ojos y una lengua desenvuelta?

Tal vez, pero también, a lo mejor no.

Si Dios le hubiera quitado la tentación, tal vez Pablo jamás habría abrazado la gracia de Dios. Solo el hambriento valora el festín y Pablo se estaba muriendo de hambre. El título que él mismo puso en la puerta de su oficina decía: «Pablo, el principal de los pecadores». Ninguna pluma articuló la gracia como la de Pablo. Eso quizás sea porque ninguna otra persona apreció la gracia como Pablo.

Si Dios hubiera aplacado los latigazos, Pablo quizás nunca hubiera conocido el amor. «Si entregase mi cuerpo para ser quemado, y no tengo amor, de nada me sirve» (1 Corintios 13.3). La persecución destila los motivos. Al final, los motivos de Pablo se destilaron a una sola fuerza: «el amor de Cristo nos constriñe» (2 Corintios 5.14).

Si Dios le hubiese hecho manso y gentil, ¿quién hubiera enfrentado a los legalistas y confrontado a los hedonistas y retado a los criticones? La carta a los Gálatas está en su Biblia porque Pablo no podía aguantar una gracia diluida. Atribuye las cartas a los Corintios a la intolerancia de Pablo por la fe mediocre. La franqueza de Pablo tal vez no le hizo ganar muchos amigos, pero sin duda sí logró muchos discípulos.

Y los ojos de Pablo. Si Dios le sana la vista, ¿habría tenido tales nociones? Mientras que el resto de la gente observaba el mundo, Pablo tenía visiones demasiado grandes para expresarse en palabras (2 Corintios 12.3-4).

¿Y su oratoria? Nada intoxica más que la aprobación de la multitud indecente. Dios puede haber estado sencillamente manteniendo sobrio a su apóstol. Cualquiera que sea la aflicción, siempre tiene un propósito. Y Pablo lo sabía: «Para que la grandeza de las revelaciones no me exaltase desmedidamente». El Dios que detesta el orgullo haría lo que fuese necesario para evitar que Pablo cayera víctima del orgullo.

En ese caso, solo le dijo: «Te basta mi gracia». En el tuyo, quizás te diga lo mismo.

¿Te preguntas por qué Dios no elimina la tentación de tu vida? Si lo hiciera es probable que te apoyaras en tu fuerza en lugar de hacerlo en su gracia. Unos pocos tropezones serían los que necesitas para convencerte: su gracia es suficiente para tu pecado.

¿Te preguntas por qué Dios no elimina los enemigos que tienes? Tal vez porque quiere que ames como Él ama. Cualquiera puede amar a un amigo, pero solo unos pocos pueden amar a un enemigo. Por tanto, ¿qué importa si no eres el héroe de todo el mundo? Su gracia es suficiente para tu propia imagen.

¿Te preguntas por qué Dios no cambia tu personalidad? ¿Tú también, como Pablo, tienes unas cuantas aristas ásperas? ¿Dices cosas que luego lamentas, o haces cosas que luego cuestionas? ¿Por que Dios no te hace más como Él? Sí, te hace. Solo que todavía no ha concluido. Hasta que no termine, su gracia es suficiente para vencer tus defectos.

¿Te preguntas por qué Dios no te sana? Él te *ha* sanado. Si estás en Cristo, tienes un alma perfeccionada y un cuerpo perfeccionado. Su plan es darte el alma ahora y el cuerpo cuando llegue a su hogar. Tal vez Él escoja sanar partes de tu cuerpo antes de que llegues al cielo. Pero si no lo hace, ¿no tienes todavía razón para la gratitud? Si te diera nada más que la vida eterna, ¿podrías pedir más que eso? Su gracia es suficiente para la gratitud.

¿Te preguntas por qué Dios no te da cierta habilidad? Si tan solo Dios te hubiera hecho cantante o corredor o escritor o misionero. Pero allí estás, sordo a la tonada, lento de pies y mente. No te desesperes. La gracia de Dios todavía es suficiente para concluir lo que comenzó. Y hasta que no termine, permítele a Pablo que te recuerde que el poder está en el mensaje, no en el mensajero. Su gracia es suficiente para hablar con claridad, aun cuando tú no puedas hacerlo.

Por todo lo que no sabemos sobre los aguijones, podemos estar seguros de esto. Dios prefiere que tengamos una cojera ocasional antes que un pavoneo perpetuo. Y si exige una espina para que Él nos haga comprender un punto, nos ama lo suficiente como para no sacarla.

Dios tiene todo el derecho a decirnos que no. Nosotros tenemos toda la razón para darle gracias. El paracaídas es fuerte y el aterrizaje seguro. Su gracia es suficiente.

14 | La guerra civil del alma

Romanos 7.7-26

Y yo sin la ley vivía en un tiempo; pero venido el mandamiento, el pecado revivió y yo morí. Y hallé que el mismo mandamiento que era para vida, a mí me resultó para muerte ... Así que, queriendo yo hacer el bien, hallo esta ley: que el mal está en mí. Porque según el hombre interior, me deleito en la ley de Dios; pero veo otra ley en mis miembros, que se rebela contra la ley de mi mente, y que me lleva cautivo a la ley del pecado que está en mis miembros. ¡Miserable de mí! ¿quién me librará de este cuerpo de muerte? ROMANOS 7.9-10,21-24

Los siguientes párrafos documentan cómo este escritor se degeneró hasta llegar a la actividad criminal. Los hechos son verdaderos y no he cambiado ningún nombre. Lo confieso. Quebranté la ley. Lo que es peor. ¡No tengo intención de dejar de hacerlo!

Mis acciones delictivas empezaron sin quererlo. El camino que tomo hacia mi oficina me lleva hacia el sur a una intersección donde cada persona que vive en Texas da la vuelta hacia el este. Todas las mañanas tengo que esperar *largos* minutos en una *larga* fila frente a un semáforo *largo*, siempre rezongando: «Debe haber una manera mejor». Hace pocos días la hallé.

Mientras todavía estaba como a medio kilómetro de la luz, descubrí un atajo, un callejón detrás de un centro comercial. Valía la pena probar. Puse las luces direccionales, di rápidamente la vuelta a la izquierda, les dije adiós a los otros conductores que avanzaban como tortugas y me arriesgué. Esquivé los depósitos de basura y evadí los topes de velocidad y *voila*. ¡Resultó! El callejón me llevó a la avenida que iba hacia el este con varios minutos de adelanto con respecto al resto de la sociedad.

Lewis y Clark se hubieran sentido orgullosos. A decir verdad, yo lo estaba. Desde entonces siempre salía a la cabeza del grupo. Todas las mañanas, mientras el resto de los automóviles esperaban en fila, me metía en mi autopista privada y calurosamente me aplaudía por ver lo que otros no habían visto. Me sorprendí de que nadie lo hubiera descubierto antes, pero, de nuevo, pocos tienen innatas habilidades navegacionales como las mías.

Una mañana Denalyn iba conmigo.

—Voy a hacerte recordar por qué te casaste conmigo —le dije mientras nos acercábamos a la intersección—. ¿Ves esa larga fila de autos? ¿Oyes la marcha fúnebre de los suburbios? ¿Ves esa monotonía de humanidad? No es para mí. ¡Observa!

Como cazador en safari, salí de la calle de seis carriles a la de un solo carril y le enseñé a mi esposa la autopista directa a la libertad.

—¿Qué te parece? —le pregunté esperando su aprobación.

—Pienso que quebrantaste la ley.

—¿Qué?

—Acabas de recorrer en sentido contrario una calle de una sola vía.

—No es cierto.

—Regresa y compruébalo.

Lo hice. Tenía razón. De alguna manera no había visto el

letrero indicador. Mi «carretera menos usada» era una ruta no permitida. Frente a un enorme depósito de basura anaranjado había un cartel: «No entrar». Por eso la gente me miraba tan extrañada cuando veía que me metía por ese callejón. Pensé que sentían envidia; ellas pensaban que estaba loco.

Pero mi problema no es lo que hice antes de saber la ley. Mi problema es lo que quiero hacer ahora, después de conocerla. Piensas que no tengo ganas de usar el callejón, ¡pero las tengo! Parte de mí todavía quiere usar el atajo. Parte de mí quiere quebrantar la ley. (Perdónenme todos los policías que leen este libro.) Cada mañana las voces en mi interior tienen esta discusión.

Mi «debes» dice: «Es ilegal».

Mi «quieres» responde: «Pero nunca me han atrapado».

Mi «debes» recuerda: «La ley es ley».

Mi «quieres» contrarresta: «Pero la ley no es para conductores cuidadosos como yo. Además, dedicaré a la oración los cinco minutos que ahorro».

Mi «debes» no se las traga. «Ora en el automóvil».

Antes de conocer la ley me sentía en paz. Ahora que la conozco ha ocurrido una insurrección. Me destroza. Por un lado sé lo que debo hacer, pero no quiero hacerlo. Mis ojos leen el cartel «No entrar», pero mi cuerpo no quiere obedecer. Lo que debo hacer y lo que termino haciendo son dos asuntos diferentes. Me iba mejor al no saber la ley.

¿Suena familiar? A lo mejor. Para muchos es el itinerario del alma. Antes de venir a Cristo todos teníamos infinidad de atajos. La inmoralidad era un atajo al placer. El engaño era un atajo al éxito. La jactancia era un atajo a la popularidad. Mentir era un atajo al poder.

Entonces hallamos a Cristo, descubrimos gracia y vimos los letreros. ¿No te ha ocurrido eso? Tienes mal genio y entonces lees: «Cualquiera que se enoje contra su hermano, será culpable de juicio» (Mateo 5.22). *Caramba, nunca supe eso.*

Tienes ojos que se deleitan en mirar para todos lados y entonces lee: «Cualquiera que mira a una mujer para codiciarla, ya adulteró con ella en su corazón» (Mateo 5.28). *Ay, ¿y ahora qué hago?*

Tienes la tendencia de exagerar para recalcar tu opinión y entonces descubre: «Pero sea vuestro hablar: Sí, sí; no, no; porque lo que es más de esto, de mal procede» (Mateo 5.37). *Pero si hace años que hablo así.*

Disfrutas permitiendo que la gente vea tu generosidad y luego lees: «Mas cuando tú des limosna, no sepa tu izquierda lo que hace tu derecha» (Mateo 6.3). *Vaya, vaya. No sabía que eso era malo.*

Tienes el hábito de catalogar a las personas en categorías fijas y luego oyes que Jesús dice: «No juzguéis, para que no seáis juzgados» (Mateo 7.1). *¡Qué contrariedad! Nunca nadie me dijo que juzgar era pecado.*

Todos estos años has estado tomando atajos sin jamás ver el cartel: «No entrar». Pero ahora lo ves. Ahora lo sabes. Lo sé, lo sé... hubiera sido más fácil si nunca hubiera visto el letrero, pero ahora se te ha revelado la ley. De modo que, ¿ahora qué haces?

Tu batalla es idéntica a la que se libraba dentro del corazón de Pablo.

Porque sabemos que la ley es espiritual; mas yo soy carnal, vendido al pecado. Porque lo que hago, no lo entiendo; pues no hago lo que quiero, sino lo que aborrezco, eso hago. Y si lo que no quiero, esto hago, apruebo que la ley es buena. De manera que ya no soy yo quien hace aquello, sino el pecado que mora en mí. Y yo sé que en mí, esto es, en mi carne, no mora el bien; porque el querer el bien está en mí, pero no el hacerlo. Porque no hago el bien que quiero, sino el mal que no quiero, eso hago. Y si hago lo que no quiero, ya no lo hago yo, sino el pecado que mora en mí. Así que, queriendo yo hacer el bien, hallo esta ley: que el mal está en mí. Porque según el hombre interior, me deleito en la ley de Dios; pero veo otra ley en mis miembros, que se rebela contra la ley de mi mente, y que me lleva cautivo a la ley del pecado que está en mis miembros. (Romanos 7.14-23)

La guerra civil del alma.

¡Qué bien se recibe la confesión de Pablo! Qué bueno saber que batalló como el resto de nosotros. Los que se asombraron con la gracia se sorprendieron también con el pecado. ¿Por qué le digo que sí a Dios un día y sí a Satanás al siguiente? Una vez que sé los mandamientos de Dios, ¿por qué no tengo el anhelo de obedecerlos? ¿No deberían estos conflictos cesar ahora que veo el letrero? ¿Significa mi conflicto que no soy salvo?

Estas son las preguntas de Romanos 7 y las de muchos creyentes. Hace algunos años presencié la lucha interna de un hombre y anoté estos pensamientos.

Desde donde estoy puedo mirar un petirrojo. Está en el techo que se ve desde mi oficina. Hace tres días que está allí. Un espectáculo espléndido: pecho rojo profundo, corona de plumas que se erizan a su orden. Canta lo mismo una vez tras otra: un largo trinar seguido de cuatro cortos. El ritmo nunca varía. El modelo nunca cambia.

Vuela hasta el techo del edificio y se posa en el punto más alto. Abre en abanico las plumas del pescuezo, mueve su cabeza hacia atrás y hacia adelante, y trina: «Chiiiraap, chirp, chirp, chirp». Luego se queda inmóvil como si esperara una respuesta. Pero nunca la obtiene.

Repite el esfuerzo. Las plumas se erizan y se oye la llamada y espera. Pero nunca hay respuesta.

Después de pocos momentos vuela en picada hacia el patio. Ve su imagen reflejada en el cristal de la ventana y vuela directo hacia ella con el pico en ristre. El choque retumba en el patio y retrocede. Pero solo por un momento. Recobra su compostura, luego vuelve a ver su reflejo y de nuevo se arroja... *ipum!* Retrocede trastabillando, lucha por recuperar el control, solo para abrir los ojos, ver de nuevo su imagen reflejada y *ibum!*, el triste drama se repite.

Sacudo mi cabeza. «¿Por qué no aprende?», me pregunto. «¿Cuántas veces necesita para aprender que el pájaro que ve en la ventana es solo una ilusión?»

Pero el pájaro continúa... volando hasta estrellarse contra la ventana.

Minutos más tarde, un hombre joven entra a mi oficina. Pulcro, bien vestido. Firme apretón de manos, bronceado, sonrisa amistosa. Charla insulsa sobre baloncesto, itinerarios ajustados y aeropuertos. Me siento tentado a acortar la charla... pero no lo hago. Necesita tiempo para juntar valor. Sabemos por qué está aquí. Ya hemos hablado de esto antes. Tiene esposa. Tiene una amante. Ha abandonado a la primera y vive con la segunda.

—¿Has ido a tu casa? —pregunto.

—No —dice suspirando y mirando al patio por la ventana.

—Intenté hacerlo, pero no pude.

—¿Has hablado con tu esposa?

—No logré armarme de valor.

«Es apenas un chiquillo», me digo mentalmente. Bajo su traje italiano y charla desenvuelta, es un asustado niño de seis años que sabe que no debe, pero que no sabe cómo dejarlo. ¿Qué vacío tiene que no pudo llenarlo el matrimonio? ¿Qué es esta pasión que le lleva a otras camas?

Miro por la ventana, por sobre sus hombros, y veo al petirrojo estrellarse de nuevo contra el cristal. Vuelvo a mirar al otro lado de mi escritorio y veo al hombre hundir la cara entre sus manos.

—Sé lo que tengo que hacer, pero no puedo.

¿Qué se necesita para que ambos dejen de hacerlo? ¿Por cuánto tiempo más se harán daño antes de despertarse?

Al día siguiente llegué a la oficina y el pájaro había desaparecido. Más tarde llamé al hombre y también había desaparecido. Pienso que el ave aprendió una lección. No estoy seguro de que el hombre la haya aprendido.

Tal vez tú también te has dado la cabeza contra la pared.

¿Tienes debilidades que te aguijonean? ¿Palabras? ¿Pensamientos? ¿Mal genio? ¿Codicia? ¿Rencor? ¿Chisme? Las cosas eran mejores antes de que supieras que la ley existía. Pero ahora la conoces. Ahora tienes una guerra que librar; y yo tengo dos verdades sobre la gracia para que lleves a la batalla.

1. Él aún afirma que eres suyo

Antes que todo, recuerda tu posición: eres un hijo de Dios. Algunos interpretan la presencia de la batalla como que Dios ha abandonado a la persona. Su lógica sigue más o menos esta línea: «Soy cristiano. Sin embargo, mis deseos son cualquier cosa menos cristianos. Ningún hijo de Dios tendría estas luchas. Debo ser huérfano. Dios tal vez me dio un lugar en algún momento, pero ahora no tiene espacio para mí».

Ese es Satanás sembrando las semillas de la vergüenza. Si no puede seducirte para que peques, te sumirá en culpabilidad. Nada le agrada más que ver que se agazapa en un rincón, avergonzado de estar todavía lidiando con algún viejo hábito. «Dios está cansado de tus conflictos», le susurra. «Tu padre está hastiado de tus peticiones de perdón», miente.

Y muchos le creen, pasando años convencidos de que han quedado descalificados para el reino. ¿Puedo ir al pozo de la gracia demasiadas veces? No merezco pedir perdón otra vez.

Disculpa mi respuesta abrupta, ¿pero quién te dijo que merecías el perdón la primera vez? Cuando fuiste a Cristo, ¿sabía Él todo pecado que habías cometido hasta ese momento? Sí. ¿Sabía Cristo todo pecado que cometerías en el futuro?. Sí, también lo sabía. De modo que, ¿conociendo todos los pecados que cometerías hasta el fin de tu vida Jesús te salvó? Sí. ¿Quieres decir que Él está dispuesto a llamarte su hijo aun cuando sabe todas y cada una de las faltas de tu pasado y futuro? Sí.

Me parece que Dios ya ha demostrado su punto. En primer

lugar, si tu pecado fuera demasiado grande para su gracia, jamás te hubiera salvado. Tu tentación no es noticia de última hora en el cielo. Tu pecado no sorprende a Dios. Él lo vio venir. ¿Hay alguna razón para pensar que quien te recibió la primera vez no te recibirá cada vez?

Además, el mismo hecho que estás bajo ataque quiere decir que estás del lado correcto. ¿Notaste quién más tuvo ocasiones de lucha? Pablo. Nota el tiempo en que Pablo escribe:

«No lo *entiendo*...»

«... el pecado que *mora* en mí...»

«Porque no *hago* el bien que *quiero*, sino el mal que no *quiero*...»

«... *veo* otra ley en mis miembros...»

«¡Miserable de mí!» (véase Romanos 7.14-25, cursivas mías).

Pablo escribe en tiempo presente. No describe una lucha del pasado, sino un conflicto presente. Hasta donde sabemos, Pablo estaba librando un combate espiritual incluso cuando escribía esta carta. *¿Quieres decir que el apóstol Pablo batallaba contra el pecado mientras escribía un libro de la Biblia?* ¿Puedes pensar una ocasión más estratégica para un ataque de Satanás? ¿Es posible que Satanás temiera el fruto de esta epístola a los Romanos?

¿Pudiera ser que teme el fruto en tu vida? ¿Pudiera ser que estás bajo ataque, no porque seas muy débil, sino porque pudieras llegar a ser muy fuerte? Tal vez espera que al derrotarte hoy tendrá un misionero menos, o un dador menor, o un cantante menos contra el cual luchar mañana.

2. Él aún te guía

Permíteme darte una segunda verdad que llevar al campo de batalla. La primera fue tu posición: eres hijo de Dios. La segunda es tu principio: la Palabra de Dios.

Cuando estamos bajo ataque, tenemos la tendencia a cuestionar la validez de los mandamientos de Dios; racionalizamos como lo hice yo con la calle de una sola vía. *La ley es para otros, no para mí. Soy un buen conductor.* Al cuestionar la validez de la ley, reduzco en mi mente la autoridad de la ley.

Por eso Pablo se apresura a recordarnos: «La ley a la verdad es santa, y el mandamiento santo, justo y bueno» (Romanos 7.12). Los mandamientos de Dios son santos porque proceden de un mundo diferente, de una esfera diferente, desde una perspectiva diferente.

En cierto sentido el letrero «No entrar» en mi callejón prohibido procedía de una esfera diferente. Los pensamientos de los legisladores de nuestra ciudad no son como los míos. Ellos se preocupan por el bien público; yo me preocupo por mi conveniencia personal. Ellos quieren lo mejor para la ciudad. Yo quiero lo mejor para mí. Ellos saben lo que es seguro. Yo sé lo que es más rápido. Pero ellos no crearon las leyes para mi placer; hicieron las leyes para mi seguridad.

Lo mismo sucede con Dios. Los que consideramos atajos, Dios los ve como desastres. Él no dicta las leyes para nuestro placer. Las da para nuestra protección. En ocasiones de conflicto debemos confiar en su sabiduría, no en la nuestra. Él diseñó el sistema; sabe lo que necesitamos.

Pero puesto que soy terco, pienso que yo lo sé. Mi falta de respeto por el letrero «No entrar» revela un lado horrible, egoísta en mí. Si nunca hubiera visto la ley, nunca hubiera visto cuán egoísta soy.

Un punzante ejemplo de esto se escribió hace mil setecientos años por Agustín en su libro *Confesiones*:

Hay un peral cerca a nuestra viña, cargado con fruta. Una noche tempestuosa los pillastres nos propusimos robar la fruta. Recogimos una enorme carga de peras, no para atracarnos con ellas, sino para tirárselas a los cerdos, aun cuando comimos lo suficiente como para tener el placer de la fruta prohibida. Eran peras hermosas, pero no eran las que mi miserable alma codiciaba, porque en casa las teníamos en abundancia. Las recogí solo para convertirme en ladrón ... el deseo de robar se despertó sencillamente por la prohibición de robar.[1]

A Agustín no lo sedujo las peras; lo sedujo la cerca. ¿No hay dentro de todos una voz que nos dice: «Me pregunto cuántas peras recogería sin que me pesquen. ¿Cuántas veces puedo entrar en sentido contrario por esta calle de una sola vía sin que me atrapen»?

En el momento que comenzamos a hacer esas preguntas hemos cruzado una línea invisible y entrado en la arena del temor. La gracia nos libra del temor, pero observa cuán pronto volvemos. La gracia nos dijo que no teníamos que pasar la vida vigilando por encima del hombro, pero observamos con cuidado hacia atrás. La gracia nos dijo que éramos libres de culpa, pero mírenos con manchas de peras en nuestras mejillas y culpa en nuestras conciencias.

¿No sabemos más? ¿Qué nos ha ocurrido? ¿Por qué somos tan ligeros para volver a nuestros viejos caminos? O como Pablo tan cándidamente escribe: «¡Miserable de mí! ¿quién me librará de este cuerpo de muerte?» (Romanos 7.24)

Dicho en forma sencilla: Somos impotentes para batallar solos contra el pecado. ¿No nos alegramos de que Pablo respondió su pregunta?

«Gracias doy a Dios, por Jesucristo Señor nuestro» (v. 25).

El mismo que nos salvó primero está allí todavía para salvarnos.

Nunca hay un punto en el cual seas menos salvo que en el primer momento en que Él te salvó. Sencillamente porque gruñiste durante el desayuno no quiere decir que quedaste

---

1   Agustín, *Confesiones*, según cita William Barclay, *Nuevo Testamento (Tomo 8: Romanos)*, Editorial La Aurora, Buenos Aires, Argentina (p. 98 del original en inglés).

condenado durante el desayuno. Cuando perdiste los estribos ayer no perdiste la salvación. Tu nombre no desaparece y vuelve a aparecer en el libro de la vida dependiendo de tu humor ni tus acciones. Tal es el mensaje de la gracia. «Ahora, pues, ninguna condenación hay para los que están en Cristo Jesús» (Romanos 8.1).

Eres salvo, no por lo que haces, sino por lo que Cristo hizo. Eres especial, no por lo que haces, sino por quién eres. Eres de Él.

Y debido a que somos de Cristo, olvidémonos de los atajos y quedémonos en el camino principal. Él sabe el camino. Él trazó el mapa. Él conoce el camino al hogar.

El peso del odio

Mateo 18.21-35

Antes sed benignos unos con otros, misericordiosos, perdonándoos unos a otros, como Dios también os perdonó a vosotros en Cristo.
EFESIOS 4.32

Todas las semanas Kevin Tunell tiene que enviar un dólar a una familia que preferiría olvidar. Le demandaron por un millón y medio de dólares, pero aceptaron novecientos treinta y seis, a pagarse un dólar a la semana. La familia espera el pago cada viernes, de modo que Tunell no olvida lo ocurrido el primer viernes de 1982.

Ese día murió la hija de la familia. A Tunell lo declararon culpable de homicidio y de conducir embriagado. Tenía diecisiete años. Ella tenía dieciocho. Tunell pasó tiempo en la cárcel. También pasó siete años haciendo campaña en contra de conducir embriagados, seis años más de lo que exigía la sentencia. Pero continúa olvidándose de enviar el dólar.

La restitución semanal debe continuar hasta el año 2000. Dieciocho años. Tunell gira el cheque a nombre de la víctima, lo franquea a la familia de ella y el dinero se deposita en un fondo de becas.

La familia lo ha llevado a juicio cuatro veces por incumplimiento. Después de su más reciente demanda, Tunell pasó treinta días en la cárcel. Insiste en que no desafía la orden, sino más bien que lo acosa la muerte de la muchacha y lo atormentan los recuerdos. Ofreció a la familia dos cajas de cheques cubriendo los pagos hasta el año 2001, un año más de lo exigido. Se negaron. No es el dinero lo que buscan, sino la penitencia.

Citando a la madre: «Queremos recibir un cheque cada semana, a tiempo. Debe comprender que vamos a persistir en esto hasta el año 2000. Volveremos a la corte cada mes si es preciso».[1]

Pocos cuestionarían la ira de la familia. Solo los ingenuos pensarían que es justo dejar sin castigo al culpable. Pero me preocupa algo. ¿Son suficientes novecientos treinta y seis pagos? A decir verdad, ¿no para que Tunell los envíe, sino para que la familia los exija? Cuando reciban el pago final, ¿quedarán en paz? ¿Podrá la familia dejar en paz el asunto en agosto del año 2000? ¿Son suficientes dieciocho años de restitución? ¿Serán adecuados ciento noventa y seis meses de remordimiento?

¿Cuánto es suficiente? Si pertenecieras a la familia y si Tunell fuera tu blanco, ¿cuántos pagos exigirías? O dicho de otra manera, ¿cuántos pagos *exiges*?

Nadie, repito, *nadie* atraviesa la vida libre de heridas. Alguien en alguna parte te lastima. Como la muchacha de dieciocho años, has sido víctima. Murió debido a que alguien bebió

1 «Drunken Driver Skips $1 Weekly Payments to Victim's Parents» [Conductor borracho no envía pagos semanales de $1 a los padres de la víctima], *San Antonio Light*, 31 de marzo de 1990.

demasiado licor. Parte de ti murió debido a que alguien habló demasiado, exigió demasiado o descuidó demasiado.

El hábito del odio

Todo el mundo sufre heridas; por consiguiente, todo el mundo debe decidir: ¿cuántos pagos voy a pedir? Tal vez no exijamos que el ofensor gire cheques, pero tenemos otras maneras de resolver cuentas.

El *silencio* es un método popular. (Obvia cuanto habla.) La *distancia* es también eficaz. (Cuando venga por tu camino, da la vuelta.) La *queja* es una tercera herramienta de venganza. («Ajá, veo que todavía tiene los dedos de las manos. Curioso que nunca los usa para marcar mi número». «Vaya, Pepe, qué bueno que vienes a visitar a los peones *de baja categoría*».)

Es asombroso cuán creativos podemos ser para desquitarnos. Si puedo estropear una tarde, arruinar un día y ensombrecer un viernes, se ha hecho justicia y me siento contento.

Por ahora. Hasta que vuelva a pensar en ti. Hasta que te vuelva a ver. Hasta que ocurra algo que me recuerdes tu acción de nuevo y entonces exigiré otro cheque. No voy a permitir que sanes antes que yo. Mientras sufra, tú sufrirás. Mientras me duela, a ti te dolerá. Me hiciste daño y voy a hacerte sentir mal mientras yo sangre, aun cuando tenga que abrirme de nuevo la herida.

Llámalo mala adicción. Empezamos el hábito sin quererlo, acariciando nuestras lesiones con una dosis de ira. No mucho, apenas una aguja o dos de rencor. El efecto adormece la herida, de modo que regresamos por más y aumentamos la dosis; no solo despreciamos lo que la persona hizo, sino lo que ella es. La insultamos. La avergonzamos. La ridiculizamos. El efecto da energía. Drogados por la malicia, los papeles se invierten; no somos la víctima; somos los vencedores. Nos hace sentir bien. Pronto lo odiamos y a todos como a él. («Todos los hombres son unos tontos». «Todo predicador es un pillo». «No se puede confiar en las mujeres».) La progresión es previsible. La herida se convierte en odio, el odio se convierte en cólera conforme nos convertimos en adictos incapaces de pasar un solo día sin especializarnos en hipocresía y amargura.

¿Cómo se arreglarán las cuentas? ¿Cómo rompemos el ciclo? ¿Cuántos pagos debo exigir? Pedro tenía una pregunta similar para Jesús: «Entonces se le acercó Pedro y le dijo: Señor, ¿cuántas veces perdonaré a mi hermano que peque contra mí? ¿Hasta siete?» (Mateo 18.21).

Pedro se preocupaba por perdonar demasiado al ofensor. La Ley judía estipulaba que el ofendido perdonara tres veces. Pedro está dispuesto a hacer el doble y añadir una más. Sin duda piensa que Jesús quedará impresionado. No es así. La respuesta del Maestro todavía nos deja perplejos: «No te digo hasta siete, sino aun hasta setenta veces siete» (v. 22).

Si estás esperando calcular cuánto es setenta veces siete, erraste el punto. Lo que Jesús dice es que llevar cuentas de la misericordia es lo mismo que no ser misericordioso. Si estás midiendo la gracia, no estás ejerciendo gracia. Jamás debe haber un punto donde la gracia se agote.

La causa del odio

En este momento ya los oyentes de Jesús piensan en los Kevin Tunells del mundo. «¿Qué tal del padre que me abandonó siendo todavía un niño?»

«¿Y qué tal de la esposa que me dejó por un modelo más joven?»

«¿Y que tal del jefe que me despidió aun sabiendo que tengo un hijo enfermo?»

El Maestro los calla levantando su mano y con la historia del siervo olvidadizo.

Por lo cual el reino de los cielos es semejante a un rey que quiso hacer cuentas con sus siervos. Y comenzando a hacer cuentas, le fue presentado uno que le debía diez mil talentos. A éste, como no pudo pagar, ordenó su señor venderle, y a su mujer e hijos, y todo lo que tenía, para que se le pagase la deuda. Entonces aquel siervo, postrado, le suplicaba, diciendo: Señor, ten paciencia conmigo, y yo te lo pagaré todo. El señor de aquel siervo, movido a misericordia, le soltó y le perdonó la deuda. (Mateo 18.23-27)

Este siervo tenía un problema serio. De alguna manera había acumulado una deuda de millones de dólares. Si pudiera pagar mil dólares al día, la saldaría en treinta años. Imposible. No ganaba mil dólares diarios. Su deuda era demasiado grande para sus posibilidades de pago.

Y a menos que no hayas leído la primera mitad de este libro, sabes que lo mismo ocurre con nosotros. Nuestra deuda es mucho más grande que nuestra capacidad para pagarla.

Nuestros bolsillos están vacíos y la deuda asciende a millones. No necesitamos un salario; necesitamos un regalo. No necesitamos lecciones para nadar; necesitamos un salvavidas. No necesitamos un lugar para trabajar; necesitamos alguien que trabaje en lugar nuestro. Ese «alguien» es Jesucristo. «La justicia de Dios por medio de la fe en Jesucristo, para todos los que creen en Él ... a quien Dios puso como propiciación por medio de la fe en su sangre, para manifestar su justicia, a causa de haber pasado por alto, en su paciencia, los pecados pasados» (Romanos 3.22,25).

Nuestro Maestro ha perdonado una deuda incalculable. ¿Exige Dios pago? ¿Insiste en su libra de carne? Cuando tus pies andan por el camino errado, ¿exige Él que te los cortes? Cuando tus ojos miran dos veces lo que deberías ver solo una, ¿te deja ciego? Cuando usas la lengua para decir palabrotas en lugar de alabanzas, ¿te la corta?

Si lo hiciera, seríamos una civilización amputada. Él no exige pago, al menos no de nosotros.

Y las promesas que hacemos: «Solo ayúdame a salir de este enredo, Señor, y jamás te desilusionaré». Somos tan malos como el deudor. «Señor, ten paciencia conmigo», suplicó, «y yo te lo pagaré todo». El pensamiento de suplicar misericordia jamás le vino a la mente. Pero aun cuando nunca siquiera suplicó gracia, la recibió. Salió del salón del trono como un hombre libre de deudas.

Pero no lo creyó.

Pero saliendo aquel siervo, halló a uno de sus consiervos, que le debía cien denarios; y asiendo de él, le ahogaba, diciendo: Págame lo que me debes. Entonces su consiervo, postrándose a sus pies, le rogaba diciendo: Ten paciencia conmigo, y yo te lo pagaré todo. Mas él no quiso, sino fue y le echó en la cárcel, hasta que pagase la deuda. (Mateo 18.28-30)

Algo anda mal en este cuadro. ¿Son estas las acciones de un hombre al que se le perdonó millones? ¿Ahogar a una persona que le debe unos pocos pesos? ¿Son estas las palabras de un hombre que han declarado libre? «¡Págame lo que me debes!»

¿Recuerdas al que señalaba con el dedo en la parábola que relaté al principio del libro? ¡Aquí está él! Tan ocupado del error de su hermano que pierde de vista la gracia del Padre.

Exige que pongan a su deudor en la cárcel hasta que le pague lo que le debe. ¡Qué grotesco! No solo es mal agradecido, sino irracional. ¿Cómo puede esperar que el hombre gane algo estando en prisión? Si no halla fondos fuera de la cárcel, ¿descubrirá dinero dentro de ella? Por supuesto que no. ¿Qué va a hacer? ¿Vender revistas a los presos? La decisión no tiene sentido. Pero el odio jamás lo tiene.

¿Cómo pudo ocurrir esto? ¿Cómo puede uno perdonado no

perdonar? ¿Cómo pudo un hombre libre no tener prisa para libertar a otros?

Parte de la respuesta se halla en las palabras de Jesús. «Aquel a quien se le perdona poco, poco ama» (Lucas 7.47).

Muy rara vez es fácil creer que estamos total y eternamente libres de deuda. Aun si estuviéramos ante el trono y lo oyéramos del mismo rey, todavía dudaríamos. Como resultado, a muchos se les perdona poco, no porque la gracia del rey sea limitada, sino porque la fe del pecador es pequeña. Dios está dispuesto a perdonar todo. Está dispuesto a borrar por completo la pizarra. Nos guía a un estanque de misericordia y nos invita a que nos bañemos. Algunos se sumergen, pero otros apenas tocan la superficie. Se alejan sintiéndose no perdonados.

Al parecer, este fue el problema del siervo. Todavía *sentía* la deuda. ¿De qué otro modo se puede explicar su conducta? En lugar de perdonar al transgresor, ¡lo ahogaba! «Te voy a exprimir». Aborrece hasta la vista del hombre. ¿Por qué? ¿Porque le debía tanto? Pienso que no. Odia al hombre porque le recuerda la deuda que tiene con su amo.

El rey perdonó la deuda, pero el siervo nunca aceptó de verdad la gracia del rey. Ahora comprendemos por qué el escritor de Hebreos insistió: «Mirad bien, no sea que alguno deje de alcanzar la gracia de Dios; que brotando alguna raíz de amargura, os estorbe, y por ella muchos sean contaminados» (Hebreos 12.15).

La cura del odio

Donde no existe la gracia de Dios, nace la amargura.

Pero cuando se abraza la gracia de Dios, el perdón florece. En la que muchos consideran la carta final de Pablo, este insta a Timoteo a que se esfuerce «en la gracia que es en Cristo Jesús» (2 Timoteo 2.1).

Cuánta percepción hay en esta última exhortación. Pablo

no insta a Timoteo a esforzarse en la oración, ni en el estudio bíblico, ni en la benevolencia, vital como cada una de estas cosas pudiera ser. Quiere que su hijo en la fe se especialice en la gracia. Anhela *este* territorio. Mora en *esta* verdad. Si se pierde algo, que no sea la gracia de Dios.

Cuanto más caminemos en el jardín, más se nos pegará el aroma de las flores. Cuanto más nos sumerjamos en la gracia, más daremos gracia. ¿Pudiera ser esta la clave para enfrentar la ira? ¿Pudiera ser que el secreto no es exigir el pago sino meditar en lo que tu Salvador pagó?

¿Rompe tu amigo sus promesas? ¿No hizo honor a sus palabras tu jefe? Lo lamento, pero antes de hacer algo, responde esta pregunta: ¿Cómo reacciona Dios cuando rompes las promesas que le haces?

¿Te han mentido? El engaño duele. Pero antes de que contraigas los puños, piensa: ¿Cómo respondió Dios cuando le mentiste?

¿Te han echado a un lado? ¿Te han olvidado? ¿Te han dejado atrás? El rechazo duele. Pero antes de desquitarte, sé franco contigo mismo. ¿Alguna vez has descuidado a Dios? ¿Has estado siempre atento a su voluntad? Ninguno lo ha estado. ¿Cómo reacciona Él cuando lo descuidas?

La clave para perdonar a otros es dejar de mirar lo que te hicieron y empezar a mirar lo que Dios hizo por ti.

Pero, Max, ¡eso no es justo! Alguien tiene que pagar por lo que este hombre me hizo.

Estoy de acuerdo. Alguien debe pagar, y Alguien ya lo ha hecho.

No comprendes, Max, este hombre no merece gracia. No merece misericordia. No es digno de perdón.

No digo que lo sea. Pero, ¿lo eres tú?

Además, ¿qué otra alternativa tienes? ¿Odio? La alternativa no es atractiva. Mira lo que ocurre cuando te niegas a perdonar:

«Entonces su señor, enojado, le entregó a los verdugos, hasta que pagase todo lo que le debía» (Mateo 18.34).

Los siervos que no perdonan siempre acaban en prisión. Prisiones de ira, culpa y depresión. Dios no tiene que meternos en la cárcel; creamos una propia. «Hay quienes llegan a la muerte llenos de vigor, felices y tranquilos ... Otros, en cambio, viven amargados y mueren sin haber probado la felicidad» (Job 21.23-25, VP).

Ah, el apretón gradual del odio. Su daño empieza como una rajadura en el parabrisas. Gracias a un camión que corría a toda velocidad por una carretera de grava, mi parabrisas sufrió un deterioro. Con el tiempo la muesca se hizo una rajadura y esta se convirtió en una serpenteante fisura. Pronto, el parabrisas era una telaraña de fragmentos. No podía conducir mi automóvil sin pensar en el tonto que condujo su camión demasiado rápido. Aun cuando nunca pude verlo, podía describirlo. Sin duda es un vagabundo insensible que le es infiel a la esposa, conduce con una docena de cervezas en su asiento y sube el volumen del televisor tan alto que los vecinos no pueden dormir. Su descuido bloqueó mi visión. (Tampoco hizo gran cosa por mi vista fuera del parabrisas.)

¿Has oído alguna vez la expresión «ira ciega»?

Permíteme ser muy claro. El odio te amargará la perspectiva y te romperá la espalda. La amargura es una carga sencillamente demasiado pesada. Las rodillas se doblarán por el esfuerzo y el corazón se romperá bajo el peso. La montaña que tienes delante es ya bastante empinada sin el peso del odio en la espalda. La alternativa más sabia, la *única* alternativa, es que deseches la ira. Jamás te llamarán a que des a nadie más gracia de la que Dios ya te ha dado.

Durante la Segunda Guerra Mundial un soldado alemán se lanzó a un cráter de mortero fuera del camino. Allí encontró a un enemigo herido. El soldado caído estaba empapado en sangre y a minutos de la muerte. Conmovido por la suerte del hombre, el alemán le ofreció agua. Mediante esta pequeña bondad se formó un vínculo. El moribundo señaló el bolsillo de su camisa; el alemán sacó de allí una billetera y de esta unos retratos de familia. Los sostuvo frente al herido para que este pudiera contemplar a sus seres queridos por última vez. Con las balas silbando por encima de sus cabezas y la guerra rugiendo a su alrededor, estos dos enemigos fueron, por unos momentos, amigos.

¿Qué ocurrió en ese cráter de mortero? ¿Cesó todo el mal? ¿Se arreglaron todas las ofensas? No. Lo que ocurrió fue simplemente esto: Dos enemigos se vieron cada uno como humanos necesitados. Esto es perdón. El perdón empieza al elevarse por encima de la guerra, al mirar más allá del uniforme y al decidir ver al otro, no como un enemigo y ni siquiera como amigo, sino solo como un compañero de luchas que anhela llegar seguro a casa.

16

Romanos 15.7

Vida en la nave del compañerismo

Recibid al débil en la fe, pero no para contender sobre opiniones. ROMANOS 14.1

Por tanto, recibíos los unos a los otros, como también Cristo nos recibió, para gloria de Dios. ROMANOS 15.7

La gracia hace tres proclamaciones.

Primero, solo Dios puede perdonar mi impiedad. «¿Quién puede perdonar pecados, sino solo Dios?» (Marcos 2.7). Tratar con mis pecados es responsabilidad de Dios. Me arrepiento, confieso, pero solo Dios puede perdonar. (Y lo hace.)

Segundo, solo Dios puede juzgar a mi prójimo. «¿Tú quién eres, que juzgas al criado ajeno? Para su propio señor está en pie, o cae» (Romanos 14.4). Tratar con mi prójimo es responsabilidad de Dios. Debo hablar; debo orar. Pero solo Dios puede convencer. (Y lo hace.)

Tercero, debo aceptar a quienes Dios acepta. «Por tanto, recibíos los unos a los otros, como también Cristo nos recibió, para gloria de Dios» (Romanos 15.7). Dios me ama y me hace su hijo. Dios ama a mi prójimo y lo convierte en mi hermano. Mi privilegio es completar el triángulo, cerrar el circuito al amar a quien Dios ama.

Es más fácil decir que hacer. «Vivir por encima de los que amamos, ah, cuánta gloria habría. Vivir por debajo de los que conocemos, vaya, eso otra historia sería».[1] Leer algo como esto es la mejor forma de imaginarnos la situación:

Se mece la embarcación

Dios nos ha enrolado en su armada y nos ha colocado en su embarcación. El barco tiene un propósito: llevarnos con seguridad a la otra orilla.

No es un yate de paseo; es un buque de guerra. No se nos ha llamado a una vida de placer; sino a una vida de servicio. Todos tenemos una tarea diferente. Algunos, preocupados por los que se ahogan, sacan gente del agua. Otros se enfrascan con el enemigo, de modo que manejan los cañones de oración y adoración. Otros más se dedican a la tripulación, alimentando y preparando a sus miembros.

Aun cuando diferentes, somos iguales. Cada uno puede contar sobre un encuentro personal con el capitán, porque cada uno ha recibido un llamamiento personal. Nos halló entre las chozas del puerto y nos invitó a seguirle. Nuestra fe nació a la vista de su afecto y así le seguimos.

Todos le seguimos cruzando la pasarela de su gracia, embarcándonos en el mismo barco. Hay un solo capitán y un único destino. Aun cuando la batalla es feroz, el barco es seguro porque nuestro capitán es Dios. La embarcación no se hundirá. De eso, no hay preocupación.

Sin embargo, existe una inquietud en cuanto a la discordancia entre la tripulación. Al principio, cuando nos embarcamos,

1 Fuente desconocida.

dimos por sentado que los tripulantes eran personas como nosotros. Pero al recorrer las cubiertas hemos encontrado curiosos convertidos con raras apariencias. Algunos tienen uniformes que jamás vimos o visten modas que jamás presenciamos.

—¿Por qué se visten así? —les preguntamos.

—¡Qué curioso! —replican—. Estábamos a punto de preguntarles lo mismo.

La variedad de vestidos no es tan perturbadora como la abundancia de opiniones. Hay un grupo, por ejemplo, que se reúne todas las mañanas para estudiar en serio. Promueven una disciplina rígida y expresiones sombrías.

—Servir al capitán es asunto serio —explican.

No es coincidencia que tiendan a congregarse cerca de la popa.

Hay otro regimiento profundamente dedicado a la oración. No solo creen en la oración, sino en la oración de rodillas. Por eso siempre sabes dónde encontrarlos; están en la proa de la nave.

Y hay unos pocos que obstinadamente creen que en la Cena del Señor se debe usar vino real. Los hallará a babor.

Otro grupo más se ha colocado cerca de las máquinas. Pasan horas enteras examinando las tuercas y pernos del barco. Se sabe que se encierran bajo cubierta y no salen por días. Los que se quedan en cubierta, sintiendo el viento en sus cabellos y el sol en su cara, a veces los critican.

—No es lo que aprendes lo que importa —argumentan estos últimos—, sino lo que sientes.

Y, ah, cómo tendemos a agruparnos.

Algunos piensan que una vez que estás en el barco no puedes desembarcar. Otros dicen que sería una necedad caerse por la borda, pero que la decisión es de uno.

Algunos creen que se ofreció voluntariamente para el servicio; otros que lo destinaron para el servicio incluso antes de construirse la nave.

Algunos vaticinan que una tormenta de gran tribulación azotará antes de anclar; otros dicen que no se desatará sino después de estar seguros en el muelle.

Hay quienes le hablan al capitán en un lenguaje personal. Hay quienes piensan que tales idiomas desaparecieron.

Hay quienes piensan que los oficiales deben usar togas, hay quienes piensan que no debería ni siquiera haber oficiales, y hay quienes piensan que todos somos oficiales y todos deberíamos usar togas.

Y, ah, cómo tendemos a agruparnos.

Y está también la cuestión de la reunión semanal en la que se agradece al capitán y se leen sus palabras. Todos afirman su importancia, pero pocos están de acuerdo en cuanto a su naturaleza. Algunos la quieren ruidosa, otros la quieren quieta. Algunos quieren rituales, otros espontaneidad. Algunos quieren festejar para poder meditar; otros quieren meditar para poder festejar. Algunos quieren una reunión para los que se han caído por la borda. Otros quieren alcanzar a los que se han caído por la borda sin caerse ellos mismos ni descuidar a los que están a bordo.

Y, ah, cómo tendemos a agruparnos.

La consecuencia es una embarcación que oscila. Hay problemas en cubierta. Estallan peleas. Los marineros se niegan a hablarse entre sí. Han habido ocasiones cuando un grupo rehusó reconocer la presencia de otros en la nave. Lo más trágico es que algunos náufragos en el mar han preferido no subir a bordo debido a las refriegas de los marineros.

«¿Qué hacemos?», nos gustaría preguntarle al capitán. «¿Cómo puede haber armonía en la nave?» No tenemos que ir muy lejos para hallar la respuesta.

En la última noche de su vida, Jesús hizo una oración que se levanta como una fortaleza para todos los creyentes:

Mas no ruego solamente por éstos, sino también por los que han de creer en mí por la palabra de ellos, para que todos sean uno; como tú, oh Padre, en mí, y yo en ti, que también ellos sean uno en nosotros; para que el mundo crea que tú me enviaste. (Juan 17.20-21)

Qué preciosas palabras. Jesús, sabiendo que el fin se acerca, ora una vez más por sus seguidores. Impresionante, ¿verdad? No oró para que tuvieran éxito, ni por su seguridad, ni por su felicidad. Oró por su unidad. Oró para que se amaran los unos a los otros.

Así como oró por ellos, «también por los que han de creer en mí por la palabra de ellos». ¡Eso nos incluye a nosotros! En su última oración Jesús oró para que tú y yo seamos uno.

El mandamiento de aceptación

De todas las lecciones que podemos extraer de este versículo, no te pierdas la más importante: A Dios le importa la unidad. El Padre no quiere que sus hijos se peleen. La desunión le perturba. ¿Por qué? Porque «en esto conocerán todos que sois mis discípulos, si tuviereis amor los unos con los otros» (Juan 13.35). La unidad crea fe. ¿Cómo creerá el mundo que Dios envió a Jesús? No lo hará porque estemos de acuerdo. No lo hará porque resolvamos cada controversia. No lo hará porque todos votemos unánimemente. No lo hará porque jamás cometemos un error doctrinal. Pero sí creerá cuando nos amemos los unos a los otros.

La unidad crea fe. La desunión estimula la incredulidad. ¿Quién quiere embarcarse en una nave llena de marineros peleando? La vida en el océano puede ser ardua, pero al menos las olas no nos insultan.

Quizás Paul Billheimer tuvo razón al decir:

La continua y extendida fragmentación de la Iglesia ha sido el escándalo de las edades. Ha sido la estrategia maestra de Satanás. El pecado de la desunión tal vez ha hecho que se pierdan más almas que todos los otros pecados combinados.[2]

«En esto conocerán todos que sois mis discípulos, si tuviereis amor los unos con los otros». Deténte y piensa por un minuto en este versículo. ¿Sería posible que la *unidad* sea la clave para alcanzar al mundo para Cristo?

Si la unidad es la clave para la evangelización, ¿no debería tener preeminencia en nuestras oraciones? ¿No deberíamos decir como Pablo: «Esfuércense por mantener la unidad del espíritu mediante el vínculo de la paz» (Efesios 4.3, NVI)? Si la unidad le importa a Dios, ¿no debería importarnos a nosotros? Si la unidad es una prioridad en el cielo, ¿no debería serlo en la tierra?

En ninguna parte, dicho sea de paso, se nos dice que debemos *fabricar* la unidad. Se nos dice sencillamente que la *guardemos* o la conservemos. Desde la perspectiva de Dios hay solo «un rebaño, y un pastor» (Juan 10.16). No es necesario crear la unidad; solo se necesita protegerla.

¿Cómo lo hacemos? ¿Cómo nos esforzamos por conservar la unidad? ¿Significa eso comprometer nuestras convicciones? No. ¿Quiere decir que debemos abandonar las verdades que consideramos preciosas? No. Pero sí significa examinar largo y tendido las actitudes que tenemos.

2   Paul Billheimer, *El amor cubre*, Centro de Literatura Cristiana, Bogotá, Colombia, 1982 (p. 7 del original en inglés).

Un caso de estudio en Capernaum

Hace algún tiempo Denalyn compró un mono. Yo no quería un mono en nuestra casa, de modo que objeté.

—¿Dónde va a comer? —pregunté

—En nuestra mesa.

—¿Dónde va a dormir? —inquirí.

—En nuestra cama.

—¿Qué del olor? —exigí.

—Te acostumbrarás; pienso que el mono también.

La unidad no empieza al examinar a otros, sino al autoexaminarnos. La unidad comienza, no al exigir que otros cambien, sino al admitir que no somos tan perfectos.

Para ver un gran ejemplo de esto, ve a una aldea llamada Capernaum y entra en una casa donde se encuentran Jesús y sus discípulos. Escucha al Maestro plantearles una pregunta: «¿Qué disputabais entre vosotros en el camino?» (Marcos 9.33).

Los discípulos se ruborizaron, no por la ira sino por la vergüenza. Discutieron. ¿Sobre doctrina? No. ¿Sobre estrategia? Tampoco. ¿Ética o valores? Peor. Discutieron sobre cuál de ellos sería el más grande.

Pedro pensó que era él (caminó sobre el agua). Juan presentó su petición al primer puesto (era el favorito de Jesús). Mateo se jactó de ser el mejor (después de todo, su libro sería el primero en el Nuevo Testamento). Luchas por poder y alabanza propia. ¿No es allí donde casi siempre empieza la división?

Porque donde hay celos y contención, allí hay perturbación y toda obra perversa. (Santiago 3.16)

¿De dónde vienen las guerras y los pleitos entre vosotros? ¿No es de vuestras pasiones, las cuales combaten en vuestros miembros? (Santiago 4.1)

Impresionante. Pelear por posición en la misma presencia de Cristo. No tan impresionante como la respuesta que Jesús les dio.

«El que *reciba* en mi nombre a un niño como este, me *recibe* a mí; y el que a mí me *recibe*, no me *recibe* a mí sino al que me envió». (Marcos 9.37, cursivas mías).

Jesús consideraba muy importancia el hecho de recibir ya que lo mencionó cuatro veces en una sola frase.

¿La respuesta a las discusiones? Aceptación. ¿El primer paso a la unidad? Aceptación. No acuerdo, aceptación. No unanimidad, aceptación. No negociación, ni arbitraje, ni elaboración. Eso puede venir más tarde, pero solo después del primer paso: aceptación.

Tal respuesta deja perplejo a Juan. Demasiado simple. El Hijo del Trueno no estaba familiarizado con la tolerancia. ¿Por qué? ¡Uno no anda por todos lados «aceptando» gente! Hay cercas que levantar. Los límites son parte necesaria de la religión. ¿Ejemplo? Juan tiene uno.

La prueba de la divergencia

«Maestro, hemos visto a uno que en tu nombre echaba fuera demonios, pero él no nos sigue; y se lo prohibimos, porque no nos seguía» (Marcos 9.38).

Juan tiene un dilema. Él y otros discípulos vieron a alguien que hacía una gran obra. Este hombre echaba fuera demonios (la misma acción con la que los discípulos tuvieron problemas, según Marcos 9.20). Cambiaban vidas. Y, lo que es más, le daban a Dios el mérito. Lo hacían en el nombre de Cristo.

Todo marchaba bien respecto al hombre. Los buenos resultados. El corazón recto. Pero había un problema: pertenecía al grupo equivocado.

Así que los discípulos hicieron lo que cualquier persona religiosa en sus cabales haría con alguien que pertenece al grupo errado. Le escoltaron al casco del barco y le confinaron a una celda. «Se lo prohibimos porque no era de los nuestros» (Marcos 9.38, NVI).

Juan quiere saber si hicieron lo bueno. Juan no actúa con petulancia; está confundido. Lo mismo que mucha gente hoy. ¿Qué haces con las buenas cosas que realiza otro grupo? ¿Qué haces cuando te gusta el fruto pero no el huerto?

Ya he hecho esa pregunta. Aprecio profundamente mi herencia. Fue mediante una iglesia de Cristo pequeña, en el oeste de Texas, que llegué a conocer al Nazareno, la cruz y la Palabra. La congregación no era numerosa, tal vez doscientos en un buen domingo. La mayoría de las familias eran como la mía, obreros en un campo petrolero. Pero era una iglesia amorosa. Cuando nuestra familia se enfermaba, los miembros nos visitaban. Cuando faltábamos, nos llamaban. Y cuando este pródigo regresó, me abrazaron.

Aprecio profundamente mi herencia. Pero con el correr de los años mi fe se ha enriquecido por personas de otros grupos. No había estado mucho tiempo en la nave de Dios cuando hallé estímulo en otros compartimientos.

Un pentecostal brasileño me enseñó sobre la oración. Un anglicano británico de nombre C.S. Lewis puso músculo a mi fe. Un bautista del sur me ayudó a comprender la gracia.

Un presbiteriano, Steve Brown, me enseñó sobre la soberanía de Dios y otro, Frederick Buechner, me enseñó sobre la pasión de Dios. Un católico, Brennan Manning, me convenció de que Jesús es incansablemente tierno. Soy mejor esposo porque leí los escritos de James Dobson y mejor predicador porque escuché a Chuck Swindoll y a Bill Hybells.

Y solo cuando llegue al hogar celestial sabré el nombre del predicador radial cuyos mensajes me llevaron de nuevo a Cristo. Cursaba mis estudios de posgrado y había perdido toda dirección. Necesitando algo de dinero durante el receso de

Navidad, acepté un empleo conduciendo un camión de reparto de un campo petrolero. La radio captaba una sola estación. Un predicador hablaba. Un frío día de diciembre de 1978 lo oí describir la cruz. No sé su nombre. No sé nada de su linaje. Podía haber sido un cuáquero o un ángel o ambas cosas. Pero algo de lo que dijo me obligó a estacionar el vehículo al lado de la carretera y rededicarle mi vida a Cristo.

Examina el fruto y la fe

¿Qué hacer cuando uno ve que personas de otros grupos hacen grandes obras? ¿No digo acciones que dividen, ni enseñanzas heréticas, sino buenas obras que dan gloria a Dios? Regresemos a la conversación entre Jesús y los discípulos.

Antes que notes lo que Jesús le dijo a Juan, presta atención a lo que no dijo.

Jesús no dijo: «Juan, si las personas son agradables, está bien». Gestos generosos y acciones benevolentes no son necesariamente señales de un discípulo. Solo porque un grupo distribuya juguetes en Navidad no quiere decir que sean cristianos. Solo porque dan de comer al hambriento no quiere decir que son los escogidos de Dios. Jesús no hizo un llamado a la tolerancia ciega.

Tampoco endosó un rechazo en blanco. Si la unanimidad de opinión fuera necesaria para el compañerismo, este sería el momento perfecto para que Jesús lo dijera. Pero no lo hizo. Jesús no le entregó a Juan un libro de regulaciones con las cuales medir a cada candidato. Si tal lista se necesitara, este hubiera sido el momento ideal para darlas. Pero no las dio.

Observa lo que Jesús dijo: «No se lo prohibáis; porque ninguno hay que haga milagro en mi nombre, que luego pueda decir mal de mí» (Marcos 9.39).

Jesús quedó impresionado por la *fe pura* del hombre («en mi nombre») y su *fruto poderoso* («que haga milagro»). Su respuesta nos da una lección crucial sobre la tolerancia estudiada. ¿Cómo deberías responder a un buen corazón de una herencia religiosa diferente?

Primero, observa el fruto. ¿Es bueno? ¿Es saludable? ¿Está la persona ayudando o dañando a la gente? La producción es más importante que el linaje. El fruto es más importante que el nombre del huerto. Si la persona lleva fruto, ¡sé agradecido! Un buen árbol no puede producir fruto malo (véase Mateo 7.17), de modo que dale gracias a Dios que obra en otros grupos aparte del tuyo.

Pero también observa la fe. ¿En nombre de quién se hace la obra? Jesús aceptó la obra de este hombre porque se hacía en el nombre de Cristo. ¿Qué quiere decir hacer algo «en el nombre de Cristo»? Significa que está bajo la autoridad y poder de ese nombre.

Si voy a una distribuidora de automóviles y digo que quiero un automóvil gratis, los vendedores se reirán de mí. Sin embargo, si voy con una carta escrita y firmada por el propietario de la agencia obsequiándome un automóvil, saldré con un auto gratis. ¿Por qué? Porque estoy bajo la autoridad y el poder del dueño.

El Maestro dice que examines la fe de la persona. Si tiene fe en Jesús y está bajo el poder de Dios, la gracia dice que eso es suficiente. Este es un punto importante. Hay algunos que no obran en el nombre de Dios. ¿Recuerdas al amontonapiedras y al buscafaltas de la parábola? Presentan una salvación por obras en lugar de una salvación por gracia. No obran en el nombre de Dios; a decir verdad no necesitan a Dios. Obran bajo el estandarte del mérito humano y la autojusticia. Así como Pablo era intolerante respecto a la salvación personal, nosotros también debemos serlo.

Pero hay creyentes con diferentes herencias que ponen su esperanza en el primogénito Hijo de Dios y ponen su fe en la cruz de Cristo. Si ellos, como tú, confían en que Él los llevará al palacio del Padre, ¿no tienen el mismo Salvador que tienes tú? Si su confianza, como la tuya, está en el sacrificio de Cristo, ¿no están ellos cubiertos por la misma gracia?

¿Quiere decir que no tienen que estar en mi grupo? No.

¿No tienen que tener el mismo antecedente? Tampoco.

¿No tienen que ver todas las cosas como yo las veo? ¿Lo ve alguien?

Lo que es importante es su fruto y su fe. Más adelante, un mucho más moderado Hijo del Trueno lo reduciría a esto: «Todo aquel que confiese que Jesús es el Hijo de Dios, Dios permanece en él, y él en Dios» (1 Juan 4.15).

Paradójico. El mismo que cuestionó la respuesta sencilla del Maestro a la larga formuló la respuesta más simple.

Debería ser sencilla. Donde hay fe, arrepentimiento y un nuevo nacimiento, hay un cristiano. Cuando hallo a alguien cuya fe está en la cruz y cuyos ojos están en el Salvador, descubro a un hermano. ¿No fue este el método de Pablo? Cuando escribió a la iglesia en Corinto, se dirigió a un cuerpo de creyentes culpable de todo pecado habido y por haber, desde ultrajar la Cena del Señor hasta discutir sobre el Espíritu Santo. Pero, ¿cómo se dirige a ellos? «Os ruego, pues, hermanos» (1 Corintios 1.10).

Cuando la iglesia en Roma debatía sobre comer carne sacrificada a los ídolos, ¿les dijo Pablo que empezaran dos iglesias? ¿Una para los que comen carne y otra para los que no la comen? No, al contrario, les instó: «Por tanto, recibíos los unos a los otros, como también Cristo nos recibió, para gloria de Dios» (Romanos 15.7)

¿Está Dios pidiéndonos que hagamos algo más de lo que Él ya ha hecho? ¿No fue Él hasta el extremo para aceptarnos? Si Dios puede tolerar mis errores, ¿no puedo yo tolerar las faltas de otros? Si a pesar de todos mis fracasos y necedades Dios me permite llamarle Padre, ¿no debería extender la misma gracia a otros? Es más, ¿quién puede ofrecer gracia excepto los que están seguros en manos de la gracia? Si Dios no demanda perfección, ¿debería exigirla yo?

«¿Tú quién eres, que juzgas al criado ajeno?», nos recuerda Pablo, «Para su propio señor está en pie, o cae; pero estará firme, porque poderoso es el Señor para hacerle estar firme» (Romanos 14.4).

La nave de Dios es una embarcación grandiosa. Así como un barco tiene muchos compartimientos, el reino de Dios tiene espacio para muchas opiniones. Pero así como una nave tiene una sola cubierta, el reino de Dios tiene un terreno común: el sacrificio suficiente de Jesucristo.

¿Orarás conmigo por el día cuando se conteste la oración de Jesús?

¿Orarás conmigo por el día cuando se gane el mundo debido a que la iglesia es una?

¿Orarás conmigo por el día cuando salgamos de nuestros aposentos y nos coloquemos juntos para saludar a nuestro capitán? ¿Cuando cesen los grupos y comience el coro?

Antes de la cruz, la oración final de Jesús fue por la unidad de sus seguidores. ¿Ofrecería Él una oración que no podía contestarse? Yo tampoco lo creo.

17 Lo que en realidad queremos saber

Romanos 8.31-39

¿Quién nos separará del amor de Cristo?
ROMANOS 8.35

Su canto lo logró. Al principio no lo noté. No tenía razón para hacerlo. Las circunstancias eran comunes. Un papá recogiendo a su hija de seis años después de una reunión de la tropa de exploradoras. A Sara le encantan; le gustan los premios que se gana y el uniforme que viste. Se subió al automóvil y me mostró su nuevo distintivo y una galleta recién horneada. Enfilé hacia la calle, encendí mi música favorita y fijé mi atención en cosas de mayor importancia como horarios y obligaciones.

Pero apenas di unos pocos pasos en el laberinto de los pensamientos tuve que retroceder. Sara cantaba. Cantaba acerca de Dios. Le cantaba a Dios. Con la cabeza hacia atrás, la mandíbula levantada y a pleno pulmón llenaba con música el vehículo. Las arpas del cielo hicieron una pausa para escuchar.

¿Es esa mi hija? ¿Se le oye como de más edad? Se le ve mayor, más alta, incluso más linda. ¿Me quedé dormido en algún punto? ¿Qué pasó con las mejillas regordetas? ¿Qué le ocurrió a la carita pequeña y dedos gorditos? Se estaba convirtiendo en toda una señorita. Con el cabello rubio llegándole a los hombros. Los pies colgándole sobre el asiento. En algún momento de la noche se había volteado una página y, pues bien, ¡mírenla ahora!

Si eres padre sabes lo que quiero decir. Apenas ayer pañales, hoy... ¿las llaves del automóvil? De pronto tu hijo está a medio camino a la universidad y a ti se te están acabando las oportunidades de mostrar tu cariño, por así decirlo.

Eso fue lo que hice. La canción se acabó y Sara calló. Saqué la cinta y poniéndole una mano sobre el hombro le dije:

—Sara, eres una persona muy especial.

Ella me miró y sonrió con tolerancia.

—Algún día, un muchacho de piernas velludas te va a robar el corazón y te llevará al próximo siglo. Pero por ahora, me perteneces.

Ella giró su cabeza, miró a la distancia por un instante, luego volvió a mirarme y preguntó:

—Papá, ¿por qué te estás portando tan extraño?

Supongo que mis palabras le sonarían extrañas a una niña de seis años. El cariño de un padre cae como torpe en los oídos de un niño. Mi arranque de emoción iba más allá de su comprensión. Pero eso no impidió que lo dijera.

No hay manera en que nuestras diminutas mentes comprendan el amor de Dios. Pero esto no le impidió que viniera.

Y nosotros, también, inclinamos nuestras cabezas. Como Sara, nos preguntamos qué hacía nuestro Padre. Desde la cuna en Belén hasta la cruz en Jerusalén, nos hemos preguntado respecto al amor de nuestro Padre. ¿Qué *puedes* decir a esa clase de emoción? Al saber que Dios prefirió morir a vivir sin ti, ¿cómo reaccionas? ¿Cómo puedes empezar a explicar tal pasión? Si fuera Pablo el apóstol, no lo haría. No haría ninguna afirmación. No ofrecería ninguna explicación. Haría unas pocas preguntas. Cinco, para ser exactos.

La respuesta de Pablo a la gracia de Dios es un quinteto de preguntas, disparadas como fuegos pirotécnicos, no para pedir respuestas, sino para asombrar. «[Pablo] reta a todos y a cualquiera, en el cielo, la tierra o el infierno, que las responda o que niegue la verdad que contienen».[1]

Estas preguntas no son nuevas para ti. Las has hecho tú mismo. Las has hecho en la noche; las has formulado en la ira. El diagnóstico del médico las hizo aflorar a la superficie, así como también la decisión del juzgado o la llamada telefónica del banco. Las preguntas son sondeos de dolor, problemas y circunstancias. No, las preguntas no son nuevas, pero las respuestas tal vez lo sean.

La pregunta de protección

«Si Dios es por nosotros, ¿quién contra nosotros?» (Romanos 8.31).

La pregunta no es simplemente: «¿Quién puede estar contra nosotros?» Eso bien podría contestarlo. ¿Quién está en contra de ti? La enfermedad, la inflación, la corrupción, el agotamiento. Las calamidades nos salen al encuentro y el temor oprime. Si la pregunta de Pablo fuera: «¿Quién puede estar contra nosotros?», podríamos hacer una lista de enemigos con mucha más facilidad de lo que pudiéramos luchar contra ellos. Pero esa no es la pregunta. La pregunta es: *Si DIOS ES POR NOSOTROS, ¿quién contra nosotros?*

Concédeme un momento. Cuatro palabras en este versículo merecen tu atención. Lee lentamente la frase: «Dios es por nosotros». Por favor, haz una pausa antes de continuar. Léela de nuevo en voz alta. (Mis disculpas a la persona que tienes al

1 Stott, *Romans: God's Good News for the World* [Romanos: Las buenas noticias de Dios para el mundo], p. 254.

lado.) *Dios es por nosotros.* Repite la frase cuatro veces, esta vez enfatizando cada palabra. (Vamos, no tanta prisa.)

Dios es por nosotros.

Dios *es* por nosotros.

Dios es *por* nosotros.

Dios es por *nosotros.*

Dios es por ti. Tus padres tal vez lo hayan olvidado, tus maestros tal vez no lo atendieron, tus hermanos quizás se avergonzaban de ti; pero al alcance de tus oraciones está el que hizo los océanos. ¡Dios!

Dios *es* por ti. No «tal vez», no «quizás estuvo», no «estuvo», no «estaría», sino «¡Dios es!» Él *es* por ti. Hoy. En esta hora. En este minuto. Mientras lees esta frase. No necesitas esperar en fila ni regresar mañana. Él está contigo. No podría estar más cerca de ti de lo que está en este momento. Su lealtad no aumentará porque te vaya mejor ni disminuirá si te va peor. Él *es* por ti.

Dios es *por* ti. Observa las líneas laterales; ese es Dios vitoreándote. Mira más allá de la meta; ese es Dios aplaudiendo tus pasos. Escúchale en los graderíos gritando tu nombre. ¿Demasiado cansado como para continuar? Él te cargará. ¿Demasiado desalentado como para luchar? Él te levanta. Dios es *por* ti.

Dios es por *ti.* Si Él tuviera un calendario, hubiera marcado con un círculo la fecha de tu nacimiento. Si Él condujera un automóvil, tu nombre estaría en su parachoques. Si hubiera un árbol en el cielo, hubiera tallado tu nombre en la corteza. Sabemos que Él tiene un tatuaje y conocemos lo que dice: «He aquí que en las palmas de las manos te tengo esculpida» (Isaías 49.16).

«¿Se olvidará la mujer de lo que dio a luz, para dejar de compadecerse del hijo de su vientre?», pregunta Dios en Isaías 49.15. Qué pregunta tan ridícula. ¿Pueden, madres, imaginarse dando de mamar a su bebé y luego preguntando: «¿Cómo se llama este nene?» No. He visto que se preocupan por sus pequeños. Les acarician el pelo, les tocan las mejillas, cantan su nombre una vez tras otra. ¿Puede una madre olvidar? De ninguna manera. Pero, «aunque olvide ella, yo nunca me olvidaré de ti», promete Dios (Isaías 49.15).

Dios está contigo. Sabiendo eso, ¿quién contra ti? ¿Puede la muerte dañarte ahora? ¿Puede la enfermedad robarte la vida? ¿Se te puede quitar tu propósito o restar valor? No. Aun cuando el mismo infierno se levantara en contra tuya, nadie puede derrotarte. Estás protegido. Dios está contigo.

La pregunta de provisión

«El que no escatimó ni a su propio Hijo, sino que lo entregó por todos nosotros, ¿cómo no nos dará también con Él todas las cosas?» (Romanos 8.32).

Imagínate que un hombre nota que unos maleantes están dándole una golpiza a un niño. Interviene en la refriega, rescata al muchacho y lo lleva al hospital. El niño recibe atención y se recupera. El hombre paga el tratamiento. Se entera de que es huérfano, lo adopta como su hijo y le da su nombre. Entonces una noche, meses después, el padre oye al hijo llorando sobre su almohada. Se acerca y le pregunta por qué llora.

«Estoy preocupado, papá. Me preocupa el mañana. ¿Dónde voy a conseguir comida? ¿Cómo voy a comprar ropa para abrigarme? Y ¿dónde voy a dormir?»

El padre se inquieta con toda razón. «¿No te lo he demostrado? ¿No comprendes? Arriesgué mi vida por salvarte. Pagué mi dinero para que te atendieran. Llevas mi nombre. Te llamo mi hijo. ¿Haría todo eso y no atendería a tus necesidades?»

Esta es la pregunta de Pablo. *Aquel que nos dio su Hijo ¿no va suplir nuestras necesidades?*

Pero todavía nos afanamos. Nos preocupamos por el Departamento de Impuestos y los Exámenes de Admisión y la Oficina de Investigaciones. Nos preocupamos por la educación, la recreación y la irregularidad. Nos preocupamos por no tener suficiente dinero y cuando tenemos dinero nos preocupamos porque tal vez no lo administramos bien. Nos preocupamos porque el mundo se va a acabar antes que expire el tiempo en el parquímetro. Nos preocupamos por lo que el perro piensa cuando nos ve salir de la ducha. Nos preocupamos por si algún día descubrirán que el yogur descremado de todas maneras engorda.

Francamente, ahora. ¿Te salvó Dios para que te afanes? ¿Te enseñaría a caminar solo para ver cómo te caes? ¿Se dejaría clavar en la cruz por tus pecados y después despreciaría tus oraciones? Vamos. ¿Bromean las Escrituras cuando dicen: «A sus ángeles mandará acerca de ti, que te guarden en todos tus caminos» (Salmo 91.11).

Igualmente pienso que no.

Dos preguntas sobre la culpa y la gracia

«¿Quién acusará a los escogidos de Dios? Dios es el que justifica. ¿Quién es el que condenará? Cristo es el que murió; más aun, el que también resucitó, el que además está a la diestra de Dios, el que también intercede por nosotros» (Romanos 8.33-34).

Hace algún tiempo leí una historia de un muchacho que disparaba piedras con una honda. Nunca pudo darle al blanco. Al regresar al patio de su abuela, vio su pato favorito. Impulsivamente apuntó al pato y lanzó la piedra. El proyectil acertó y mató al pato. El muchacho se asustó y escondió el ave muerta en un montón de leña, tan solo para levantar la vista y ver que su hermana lo veía todo.

Aquel día, después del almuerzo, la abuela le pidió a Sally que le ayudara a lavar los platos. Sally respondió: «Juanito me

dijo que quería ayudar a lavar los platos hoy, ¿verdad, Juan?»
Y al oído le susurró: «¡Recuerda el pato!» De modo que Juanito
lavó los platos.

¿Qué alternativa tenía? En las semanas siguientes estuvo en
el lavadero con frecuencia. Algunas veces por obligación, otras
veces por su pecado. «¡Recuerda el pato!», le susurraba Sally
cuando protestaba.

Hastiado del quehacer, decidió que cualquier castigo sería
mejor que lavar más platos, de modo que confesó que había
matado al pato. «Lo sé, Juanito», dijo la abuela dándole un
abrazo. «Estaba en la ventana y lo vi todo. Porque te quiero, te
perdoné. Me preguntaba cuánto tiempo le ibas a permitir a
Sally que te esclavizara.[2]

Lo habían perdonado, pero todavía pensaba que era culpable. ¿Por qué? Prestó atención a las palabras de su acusadora.

A ti también te han acusado. Te han acusado de mentir. Te
han acusado de inmoralidad, de codicia, ira y arrogancia.

En cada momento tu acusador presenta cargos contra ti. Ha
notado todo error y anotado cada desliz. Descuidas tus priori-
dades y él las anota. Abandonas tus promesas y él toma nota.
Tratas de olvidar tu pasado, él te lo recordará. Tratas de
deshacer tus faltas, él te lo impedirá.

Este testigo experto no tiene un objetivo más elevado que
llevarte a juicio y presentar la acusación. Incluso su nombre
significa «acusador». ¿Quién es? El diablo.

Es «el acusador de nuestros hermanos, el que los acusaba
delante de nuestro Dios día y noche» (Apocalipsis 12.10).
¿Puedes verlo? De un lado a otro frente al tribunal de Dios.
¿Puedes oírlo? Te llama por nombre, mencionando tus faltas.

Argumenta: «Dios, este al que llamas tu hijo no es digno. La
codicia le llena por dentro. Cuando habla, a menudo piensa en
sí mismo. Pasa días enteros sin una sola oración sincera. Por

2 Steve Cole, «Forgiveness» [Perdón], *Leadership Magazine*, 1983, p. 86.

cierto, incluso esta mañana prefirió dormir antes que pasar tiempo contigo. Le acuso de holgazanería, egoísmo, ansiedad, desconfianza...»

Mientras habla, tú bajas la cabeza. No tienes defensa. Sus acusaciones son ciertas.

—Soy culpable, su señoría —dices entre dientes.

—¿La sentencia? —pregunta Satanás.

—La paga del pecado es muerte —explica el juez—, pero en este caso la muerte ya ocurrió. Por él murió Cristo.

Satanás de pronto se queda en silencio. Y en ese instante te llenas de júbilo. Te das cuenta que Satanás no puede acusarte. ¡Nadie puede acusarte! Los dedos pueden señalar y las voces demandar, pero las acusaciones rebotan como flechas en un escudo. No más platos en agua sucia. No más penitencia. No más hermanas que molestan. Has comparecido ante el juez y oído que te declara: «Inocente».

«Porque Jehová el Señor me ayudará, por tanto no me avergoncé; por eso puse mi rostro como un pedernal, y sé que no seré avergonzado. Cercano está de mí el que me salva; ¿quién contenderá conmigo? Juntémonos. ¿Quién es el adversario de mi causa? Acérquese a mí» (Isaías 50.7-8).

Una vez que el juez te deja en libertad, no tienes por qué temer al tribunal.

La pregunta de resistencia

«¿Quién nos separará del amor de Cristo?» (Romanos 8.35).

Allí está. He ahí la cuestión. Aquí está lo que queremos saber. Queremos saber cuánto durará el amor de Dios. Pablo podía haber empezado por esto. ¿En verdad nos ama Dios para siempre? No solo el domingo de Pascua cuando tenemos los zapatos lustrados y estamos bien peinados. Queremos saber (en lo más íntimo, ¿no queremos realmente saberlo?), ¿cómo se siente Dios conmigo cuando me porto como un tonto? No cuando estoy entusiasmado, positivo y listo para atacar el hambre mundial. No allí. Sé cómo se siente respecto a mí en ese momento. Incluso yo mismo me gusto entonces.

Quiero saber cómo se siente Él cuando ataco todo lo que se mueve, cuando mis pensamientos están a nivel del desagüe, cuando mi lengua tiene filo como para cercenar una piedra. ¿Cómo se siente Él entonces?

Esa es la pregunta. Esa es la preocupación. De ahí que la mayoría lee este libro. Ah, no la dices; a lo mejor ni la sabes. Pero puedo verla en tu cara. Puedo oírla en tus palabras. ¿Me pasé de la raya esta semana? ¿El martes pasado cuando bebí vodka hasta que ni siquiera podía caminar... el jueves pasado cuando mi trabajo me llevó a un lugar que no tenía ninguna razón para estar... el verano pasado cuando junto a la tumba del hijo que Él me dio, maldije al Dios que me hizo?

¿Me alejé demasiado? ¿Esperé demasiado? ¿Me deslicé demasiado?

Eso es lo que queremos saber.

¿Puede alguna cosa separarnos del amor que Cristo nos tiene?

Dios respondió nuestra pregunta antes de que la hiciéramos. Para que veamos su respuesta iluminó el cielo con una estrella. Para que la oigamos llenó la noche con un coro; y para que la creamos hizo lo que ningún hombre soñó. Se hizo carne y habitó entre nosotros.

Colocó su manos sobre los hombros de la humanidad y dijo: «Ustedes son algo muy especial».

Sin límites de tiempo, nos ve a todos. Desde los bosques rurales de Virginia hasta los distritos comerciales de Londres; desde los vikingos hasta los astronautas, desde los cavernícolas hasta los reyes, desde los construyechozas hasta los buscafaltas y a los amontonapiedras, nos ve. Vagabundos y pelagatos, nos ve desde antes de nacer.

Y ama lo que ve. Inundado con emoción. Lleno de orgullo, el que hizo las estrellas se dirige a cada uno de nosotros, uno por uno, y dice: «Eres mi hijo. Te quiero profundamente. Me doy cuenta de que un día te rebelarás y alejarás de mí. Pero quiero que sepas que ya he provisto un camino de regreso».

Y para demostrarlo, hizo algo extraordinario.

Descendiendo de su trono, se quitó su manto de luz y se envolvió en piel: humana, pigmentada. La luz del universo entró en un vientre oscuro y húmedo. Aquel que los ángeles adoran se anidó en la placenta de una campesina, nació una noche fría y después durmió en la paja del ganado.

María no sabía si darle leche o alabanza, pero le dio las dos cosas puesto que Él, según pudo deducir, tenía hambre y era santo.

José no supo si llamarlo Hijo o Padre. Pero al final le llamó Jesús, puesto que así se lo había dicho el ángel y además no tenía ni la menor idea de qué nombre usar para un Dios que podía arrullar en sus brazos.

Ni María ni José lo dijeron con tanta franqueza como mi Sara, ¿pero no piensa que bajaron sus cabezas y mentalmente se preguntaban: «Por todos los cielos, ¿qué estás haciendo, Dios?» O, dicho en mejor forma: «Dios, ¿qué estás haciendo en el mundo?»

«¿Puede algo hacer que deje de amarte?», pregunta Dios. «Escúchame hablar tu idioma, dormir en tu tierra y sentir tus dolores. Contempla al que hizo la vista y el sonido mientras estornuda, tose y se suena la nariz. ¿Te preguntas si comprendo cómo te sientes? Mira los juguetones ojos del muchacho de Nazaret; ese es Dios caminando a la escuela. Fíjate en el nene de dos años a la mesa de María; ese es Dios derramando su leche.

«¿Te preguntas cuánto durará mi amor? Busca la respuesta en una tosca cruz, en una áspera colina. Ese soy Yo para que contemples allí a tu Hacedor, tu Dios, clavado y sangrando. Cubierto de escupitajos y sudor. Es tu pecado lo que estoy sintiendo. Es tu muerte la que estoy muriendo. Es tu resurrección la que estoy viviendo. Así es como te amo».

«¿Puede algo interponerse entre tú y yo?», pregunta el Primogénito.

Escucha la respuesta y apuesta tu futuro en las triunfantes palabras de Pablo: «Por lo cual estoy seguro de que ni la muerte, ni la vida, ni ángeles, ni principados, ni potestades, ni lo presente, ni lo por venir, ni lo alto, ni lo profundo, ni ninguna otra cosa creada nos podrá separar del amor de Dios, que es en Cristo Jesús Señor nuestro» (Romanos 8.38-39).

Conclusión
«No se olvide de cuidarme»

—¡Qué bueno! Me alegro de que se siente junto a mí. Algunas veces vomito.

No es exactamente lo que te gustaría oír del pasajero del avión sentado junto a ti. Antes que tuviera tiempo de colocar mi maleta en el compartimiento superior, sabía su nombre, edad e itinerario. —Me llamó Billy Jack, tengo catorce años y voy a visitar a mi papá.

Empecé a decirle mi nombre, pero él habló primero.

—Necesito que alguien me cuide. Estoy muy confundido.

Me contó sobre la escuela especial a la que asistía y las medicinas que tomaba.

—¿Puede usted recordarme tomar mis pastillas después de pocos minutos?

Antes que podamos abrocharnos los

209

cinturones de seguridad, había detenido a la azafata.

—No se olvide de mí —le dijo —Me confundo fácil.

Una vez en el aire, Billy Jack ordenó una gaseosa y mojó sus rosquillas en la bebida. Continuaba mirándome de reojo mientras yo bebía una gaseosa y me preguntó si podía tomarse lo que dejara. Volcó un poco de su bebida y pidió disculpas.

—No te preocupes —le dije, limpiando el líquido.

Billy Jack me mostró su grabadora y me preguntó si me gustaría oír alguna de sus cintas.

—Traje mis favoritas —dijo sonriendo, y me puso en la mano las pistas de sonidos de *La Sirenita, Aladino* y *El Rey León.*

Cuando empezó a entretenerse con su juego electrónico, traté de dormir. Allí fue cuando comenzó a hacer sonidos con su boca, imitando a una trompeta.

—Puedo imitar también al océano —fanfarroneó moviendo ruidosamente saliva por su boca.

(No sonaba como el océano, pero no se lo dije.)

Billy Jack era un niño en un cuerpo grande.

—¿Pueden las nubes golpear la tierra? —me preguntó. Empecé a contestarle, pero volvió a mirar por la ventana como si nunca lo hubiera preguntado. Sin avergonzarse de sus necesidades no dejaba que ninguna azafata pasara sin decirle: «No se olvide de cuidarme».

Cuando le trajeron la comida: «No se olvide de cuidarme».

Cuando le trajeron más bebidas: «No se olvide de cuidarme».

Cuando cualquier azafata pasaba, Billy Jack volvía a insistir: «No se olvide de cuidarme».

Francamente, no creo recordar ni una sola ocasión en que Billy Jack no le mencionara a la tripulación que necesitaba atención. El resto de nosotros nunca lo hizo. Nunca pedimos ayuda. Éramos gente mayor. De experiencia. Sabíamos valernos. Éramos viajeros avezados. La mayoría ni siquiera prestó atención a las instrucciones sobre qué hacer en caso de emergencias. (Billy Jack me pidió que se las explicara.)

A medio camino de escribir este libro, me acordé de Billy Jack. Hubiera entendido la idea de la gracia. Sabía lo que era ponerse totalmente al cuidado de otra persona. No le conté «La parábola del río» (todavía no la había escrito), pero sé cuál hermano le hubiera gustado.

El menor. El que permitió que su hermano mayor lo llevara río arriba. No hubiera entendido a los tres que rechazaron la oferta del primogénito. ¿Por qué *no* ponerse en las manos de alguien más fuerte?

¿Lo has hecho tú?

Muchos no. Somos experimentados, maduros. Romanos, epístola para desafiar al autosuficiente, se escribió para personas como nosotros. La confesión de la necesidad es admisión de debilidad, algo para lo que somos lentos. Es por eso que pienso que Jack hubiera entendido la gracia. Se me ocurrió que era la persona más segura en ese vuelo. Si el avión hubiese tenido problemas, él hubiera recibido la mejor ayuda. Las azafatas me hubieran echado a un lado y lo hubieran atendido directamente a él. ¿Por qué? Porque se había puesto al cuidado de alguien más fuerte.

De nuevo te pregunto: ¿Lo has hecho tú?

Una cosa es segura: No puedes salvarte a ti mismo. El río es demasiado caudaloso; la distancia demasiado grande. Dios ha enviado a su Primogénito para que te lleve a tu hogar. ¿Estás firme en las manos de su gracia? Oro para que lo estés. *Fervientemente* oro para que lo estés.

Antes de concluir este tiempo juntos, ¿pasarías algún tiempo con las siguientes preguntas? Que el Espíritu Santo las use para revelar cualquier resistencia que pudiera tener a la gracia de Dios.

¿Te das prisa para contarle a otros sobre las piedras que has apilado? ¿O prefieres jactarte de la fuerza de tu hermano mayor?

¿Vives temiendo no lograr nunca hacer lo suficiente? ¿O vives en gratitud, sabiendo que lo suficiente ya se ha hecho?

¿Tienes un círculo pequeño, aceptando solo a los pocos que obran como tú? ¿O tienes un círculo amplio, aceptando a todos los que aman a Aquel que amas?

¿Adoras para impresionar a Dios? ¿O adoras para agradar a Dios?

¿Haces buenas obras para ser salvo? ¿O haces buenas obras porque eres salvo?

¿Oras: «Dios, te doy gracias porque no soy como los otros hombres, ladrones, injustos, adúlteros»?[1]

¿O confiesas: «Dios, sé propicio a mí, pecador?»

* * *

Un último pensamiento. Billy Jack pasó la última hora del vuelo con su cabeza sobre mi hombro, con sus manos entre sus rodillas. Cuando finalmente pensé que se había quedado dormido, levantó la cabeza y dijo: «Mi papá va a recibirme en el aeropuerto. Casi no puedo esperar a verlo, porque él me cuida».

Pablo hubiera quedado encantado con Billy Jack.

1 Lucas 18.11-13.

Guía de estudio
Escrita por Steve Halliday

Cada uno de estos estudios cortos se han creado no solo para ayudarte a pensar en las ideas desarrolladas en el libro *En manos de la gracia* y aplicarlas, sino también para ayudarte a interactuar con los pasajes bíblicos que despertaron estas ideas.

La primera sección de cada estudio: «Repaso», toma fragmentos de cada capítulo y brinda preguntas para el análisis personal o en grupo. La segunda sección: «Para profundizar», te ayuda a sondear un poco más la perspectiva de las Escrituras sobre el tema que se considera.

Introducción:
El más grande descubrimiento de mi vida

Repaso

1. Una epístola para el autosuficiente. Romanos contrasta el aprieto de quienes deciden vestirse de ropas hechas por ellos mismos con la situación de quienes alegremente aceptan el vestido de la gracia.

    A. ¿Qué piensas que Max quiere decir por «ropas hechas por ellos mismos»? ¿Te has puesto alguna vez tales «ropas»? Si es así, explícalo.

    B. ¿Qué piensas que Max quiere decir por «vestido de la gracia»? ¿Está este «vestido» en tu ropero? Explícalo.

2. Dios usó el libro para cambiar las vidas (y los vestidos) de Lutero, Juan Wesley, Juan Calvino, William Tyndale, San Agustín y otros millones más. Existe toda razón para pensar que hará lo mismo contigo.

    A. ¿Qué te viene a la mente cuando piensas en el libro de Romanos?

    B. ¿Qué sabes de los hombres que Max menciona en este párrafo: Lutero, Wesley, Calvino, Tyndale, Agustín? ¿En qué forma Romanos cambió sus vidas?

    C. ¿Cómo puede el libro de Romanos cambiar tu vida? ¿Piensas que lo logrará? Explícalo.

Para profundizar

1. Lee Romanos 1.16-17.

    A. ¿Cómo explican estos dos versículos el tema de Romanos?

    B. ¿Cómo usa Pablo estos versículos para describir lo que planea explicar en el resto de su libro?

    C. ¿Piensas que has comprendido bien el tema descrito en estos versículos? Explícalo.

    D. ¿Estás «poniendo en práctica» estos versículos en tu vida diaria? Explícalo.

2. Lee Gálatas 3.26.

    A. ¿Cómo se compara este versículo con Romanos 1.16-17?

    B. ¿Qué tienen en común?

I
La parábola del río

Repaso

1. Aunque no sabían dónde estaban, de una cosa estaban seguros: no los hicieron para ese lugar.
   A. ¿Cómo supieron los hijos que no estaban hechos para el nuevo medio?
   B. ¿De qué manera esta declaración describe nuestras circunstancias?
2. Uno decidió divertirse, el otro juzgar y el tercero trabajar. Ninguno escogió a su padre.
   A. ¿Con cuál de los tres hermanos te identificarías con mayor probabilidad? Explica.
   B. ¿Qué tienen de malo las respuestas de los tres hijos?
3. Los cuatro hermanos oyeron la misma invitación. Cada uno tuvo la oportunidad de que el hermano mayor lo llevara a casa. El primero dijo que no escogiendo una choza de lodo en vez de la casa de su padre. El segundo dijo que no optando por analizar las faltas de su hermano antes que admitir las suyas. El tercero dijo que no pensando que es más sabio dar una buena impresión antes que una sincera confesión. Y el cuarto dijo que sí prefiriendo la gratitud antes que la culpa.
   A. ¿Qué razones dio cada uno de los tres hermanos que rechazaron la oferta del hermano mayor? ¿Has escuchado alguna vez a personas dar razones similares para despreciar la salvación que Jesús les ofrece? Si es así, descríbelas.

B. ¿Cómo escogió el cuarto hermano «la gratitud antes que la culpa»?

4. Al leer acerca de los hermanos, ¿cuál de ellos describe tu relación con Dios? ¿Has reconocido, como el cuarto hermano, tu imposibilidad de emprender solo el regreso al hogar? ¿Estás atrapado en manos de la gracia?

A. Contesta las preguntas anteriores.

B. ¿Cómo puede alguien saber si está «en manos de la gracia [de Dios]»?

5. ¿Qué quiere decir Max con cada una de las siguientes descripciones y qué tienen todas en común?

A. El hedonista construyechozas.

B. El criticón buscafaltas.

C. El legalista amontonapiedras.

6. Tal vez deba prepararte: Los primeros capítulos de Romanos no son exactamente una arenga. Pablo nos da las malas noticias antes de darnos las buenas. A la larga, nos dirá que todos somos también candidatos para la gracia, pero no sin antes demostrar todos somos desesperadamente pecadores.

A. En tu opinión, ¿por qué empezó Pablo con las malas noticias antes de explicar las buenas?

B. Cuando le explicamos a alguien el evangelio, ¿seguimos por lo general el modelo de Pablo? Explica.

Para profundizar

1. Lee Efesios 1.7-8.

A. Según el versículo 7, ¿qué tenemos en Cristo?

B. ¿De acuerdo a qué medida se nos han dado estas cosas, según los versículos 7-8?

2. Lee Efesios 2.4-9.

A. ¿Cómo se relacionan entre sí el amor, la misericordia y la gracia en los versículos 4-5? ¿Qué tratan de lograr estas tres cosas al obrar juntas?

B. ¿Qué gracia futura experimentaremos según el versículo 7?

C. ¿Qué aprendes en los versículos 8-9 acerca de la gracia? ¿Cómo te afecta esto personalmente?

2

La ira divina llena de gracia

Repaso

1. Dios no se queda en silencio mientras que sus hijos dan rienda suelta a la perversión. Nos deja que sigamos por nuestros caminos de pecado y que cosechemos las consecuencias. Cada corazón destrozado, cada niño que nace sin que lo quieran, cada guerra y tragedia tiene su raíz en nuestra rebelión contra Dios.

   A. En tu opinión, ¿por qué Dios no nos impide que «sigamos por nuestros caminos de pecado»?

   B. ¿Estás de acuerdo en que «cada guerra y tragedia tiene su raíz en nuestra rebelión contra Dios»? Explica.

2. La ira de Dios está contra el mal. Para muchos esto es una revelación.

   A. ¿Qué quiere decir que «la ira» de Dios está contra el mal?

   B. ¿Fue esto una revelación para ti? Si es así, explícalo.

3. Muchos no comprenden la ira de Dios porque la confunden con la cólera del hombre. Las dos cosas tienen muy poco en común.

   A. ¿En qué se diferencian la ira de Dios de la ira del hombre?

   B. ¿Tienen las dos clases de «ira» algo en común? Si es así, ¿qué?

4. Cada estrella es un anuncio. Cada hoja un recordatorio. Los glaciares son megáfonos, las estaciones son capítulos, las nubes son banderas. La naturaleza es un canto de muchas partes, pero con un solo tema y un solo verso: *Dios es.*

   A. ¿De qué manera la naturaleza proclama que Dios existe?

   B. Si esto es verdad, ¿por qué hay ateos?

5. La pregunta no es: «¿Cómo se atreve un Dios amante a encolerizarse?», sino más bien: «¿Cómo puede un Dios amante sentir menos que eso?»

   A. ¿Has conocido a alguien que pensaba que el amor y la ira no pueden coexistir? Si es así, ¿por qué lo creía esa persona?

   B. ¿Por qué Max cree que Dios debe demostrar tanto el amor como la ira? ¿Estás de acuerdo? Sí o no, ¿por qué?

Para profundizar

1. Lee Romanos 1.18-20.

   A. ¿Contra quién se revela «la ira de Dios» según el versículo 18? ¿Cómo se revela?

   B. ¿Por qué se revela «la ira de Dios» según el versículo 19?

   C. ¿Por qué los hombres «no tienen excusa» según el versículo 20?

2. Lee Salmo 19.1-6.

   A. ¿Qué nos enseñan estos versículos acerca de la creación?

   B. ¿Qué nos enseña la creación acerca de Dios?

3

Vida sin Dios

Repaso

1. Si no hay ningún bien supremo *más allá* del mundo, ¿cómo defines lo «bueno» *dentro* del mundo? Si la opinión de la mayoría determina lo que es bueno o malo, ¿qué ocurre cuando la mayoría se equivoca?

   A. ¿Cómo respondería a las dos preguntas que Max hace arriba?

   B. Sin Dios, ¿puede haber en verdad algo «bueno» o «malo»? Explica.

2. ¿Qué dique tiene el intelectual que niega a Dios para que pare la inundación? ¿Qué ancla usará el secularista para impedir que el mar absorba a la sociedad? Si la sociedad saca a Dios de la ecuación humana, ¿qué sacos de arena colocarán contra el creciente desborde de barbarie y hedonismo?

   A. ¿En qué clase de ancla pone la sociedad su confianza?

   B. ¿Qué ejemplos bíblicos de impiedad sirven como despertadores para nuestra sociedad?

3. Busca en lo hondo de tu ser y lo encontrarás: un anhelo intenso de significación, una búsqueda de propósito. Tan seguro como la respiración de un niño algún día te preguntarás: «¿Cuál es el propósito de mi vida?»

   A. ¿Alguna vez has luchado al sentir un anhelo de significación o un sentido de propósito? Si es así, describe el conflicto. Si no, ¿por qué?

   B. ¿Cuál es el propósito de tu vida?

4. Con Dios en el mundo, no eres ni un accidente ni un incidente; eres un don para el mundo, una obra de arte divina rubricada por Dios.

   A. ¿Alguna vez te sientes como un «accidente» o un «incidente»? Si es así, ¿cuándo tienes estos sentimientos con mayor probabilidad?

   B. ¿Crees que eres «un don para el mundo, una obra de arte divina rubricada por Dios»? Explica.

5. Es paradójico, pero mientras más sabemos, menos adoramos. Nos impresiona más descubrir el interruptor de la luz que al que inventó la electricidad.

   A. ¿Estás de acuerdo con que mientras más sabemos menos adoramos? Explica.

   B. En tu opinión, ¿por qué parece tan fácil olvidarte de Dios?

6. De acuerdo a Romanos 1, la impiedad es un mal trueque. Al vivir para hoy el hedonista construyechozas destruye su esperanza de vivir en un palacio mañana.

   A. ¿De qué manera la gente hace este «mal trueque» hoy?

   B. ¿Alguna vez escogiste una «choza» en lugar de un «palacio»? Si es así, describe la situación. ¿Qué te hizo cambiar?

Para profundizar

1. Lee Romanos 1.21-32.

   A. ¿Cuál es el terrible pecado descrito en el versículo 21? ¿Qué les ocurre a los que cometen tal pecado?

   B. ¿Cuál es el pecado descrito en los versículos 22-23? ¿De qué forma se relaciona esto al pecado mencionado en el versículo 21?

C. ¿Cuál es el pecado descrito en el versículo 24? ¿Se relaciona esto al pecado mencionado en los versículos 22-23? Explica.

D. ¿Cómo el versículo 25 resume los versículos 21-24?

E. Estudia los versículos 26-32 notando cómo el pasaje se intensifica conforme progresa. ¿Cuál es la importancia de esto?

2. Lee Efesios 2.10.

A. ¿Cómo se describe en este versículo a los creyentes? ¿Qué tarea se les da para hacer?

B. ¿Cuán firme es Dios en su propósito para los creyentes?

4

Juicio sin Dios

Repaso

1. ¿Alguna vez te has sentido incómodo al pensar en la conversión en el lecho de muerte de un violador o en la conversión a última hora de uno que ultrajó niños? Los sentenciamos, tal vez no en los tribunales, pero sí en nuestros corazones. Los ponemos tras las rejas y echamos candado a las puertas. Quedan para siempre prisioneros de nuestro asco. Y entonces, ocurre lo imposible. Se arrepienten. ¿Nuestra respuesta? (¿Nos atrevemos a decirla?) Cruzamos los brazos, arrugamos el ceño y decimos: «Dios no te va a dejar en paz tan fácilmente. No, después de lo que hiciste. Dios es bondadoso, pero no es ningún flojo. La gracia es para los pecadores comunes y corrientes como yo, no para pervertidos como tú».

   A. ¿Qué piensas al leer sobre la aparente conversión de Jeffrey Dahmer? Sé sincero.

   B. ¿Qué le responderías a una persona que te dijera: «Si su Dios puede perdonar a Jeffrey Dahmer y a Adolfo Hitler, no quiero saber nada de Él»?

2. Una cosa es sentir asco por las acciones de un Jeffrey Dahmer (y yo lo siento) y otra totalmente diferente es afirmar que soy superior (y no lo soy) o que tal persona se halla más allá de la gracia de Dios (nadie lo está).

   A. ¿Qué te da asco de las acciones de un Jeffrey Dahmer? ¿Por qué un conjunto de pecados parece ser peor que otro?

B. ¿Por qué es tan fácil creer que somos superiores a otros?

C. ¿Por qué puede Max decir que nadie está más allá de la gracia de Dios?

3. La manera más fácil de justificar los errores de mi casa es hallar peores en la de mi prójimo.

A. ¿Qué quiere decir Max con la afirmación anterior?

B. ¿Estás de acuerdo con él? Sí o no, ¿por qué?

4. La petición de Dahmer no es diferente a la tuya ni a la mía. Quizás él la hizo desde una celda en una cárcel y quizá tú la hiciste desde una banca en una iglesia, pero desde la perspectiva del cielo todos estábamos pidiendo la luna. Y por la gracia del cielo, todos la recibimos.

A. ¿Por qué la petición de Dahmer no fue diferente a la tuya ni a la mía?

B. ¿Qué quiere decir Max con «desde la perspectiva del cielo todos estábamos pidiendo la luna»?

Para profundizar

1. Lee Romanos 2.1-11.

A. ¿Por qué los que juzgan a otros no tienen excusa? ¿Qué estaban en realidad haciendo al juzgar (versículo 1)?

B. ¿Cuál es la advertencia que se hace en los versículos 3-4?

C. ¿Cómo puede alguien «menospreciar» la benignidad y la paciencia de Dios según el versículo 5?

D. En los versículos 6-10 se da tanto una advertencia como una promesa. Describe cada una y señala a quién se las da.

E. ¿Cuál es el propósito del versículo 11? ¿Por qué es importante decir esto aquí?

2. Lee Mateo 20.1-16.

A. En una sola frase, ¿qué piensas que es el punto de la parábola de Jesús?

B. ¿Qué quiere Él que sepamos?

3. Lee 1 Corintios 4.5.

A. ¿Qué nos dice este versículo que *no* hagamos? ¿Qué nos dice que hagamos?

B. ¿Qué dice que Dios hará? ¿Cuál dice que será el resultado?

5

Religión sin Dios

Repaso

1. La fe es intensamente personal. En el reino de Dios no hay
   ni linaje real ni sangre azul santa.
   A. ¿Por qué la fe es «intensamente personal»?
   B. ¿Qué quiere decir Max con que «en el reino de Dios
      no hay ni linaje real ni sangre azul santa»? ¿Te alegras
      de esto? Explica.
2. Pablo acusa a los judíos de confiar en el símbolo de la
   circuncisión mientras descuidaban sus almas. ¿Podría acusarnos del mismo error?
   A. ¿Es posible confiar en un símbolo y al mismo tiempo
      pasar por alto la realidad espiritual que el símbolo
      representa? ¿Cómo?
   B. Contesta la pregunta que Max formula y explica tu
      respuesta.
3. Los símbolos son importantes. Algunos, tales como el
   bautismo y la Cena del Señor, ilustran la cruz de Cristo.
   Simbolizan la salvación, demuestran la salvación, incluso
   articulan la salvación. Pero no imparten salvación.
   A. ¿De qué manera la Cena del Señor y el bautismo
      ilustran la cruz de Cristo?
   B. ¿Por qué los símbolos no pueden impartir salvación?

4. Desde la perspectiva de Dios no hay ninguna diferencia entre el impío fiestero, el impío acostumbrado a señalar con el dedo y el impío que se sienta en una banca en una iglesia. La pandilla, el clan del tribunal y el coro de la iglesia necesitan el mismo mensaje: Sin Dios todos están perdidos.

A. ¿Por qué no hay diferencia entre los tres grupos mencionados arriba?

B. ¿Cuál es el remedio para los tres grupos mencionados?

5. Solo hay un nombre bajo el cielo que tiene poder para salvar y ese nombre no es el tuyo.

A. ¿Cómo respondería el mundo moderno con más probabilidad a la anterior afirmación de Max?

B. ¿Cómo le contestarías a alguien que cuestione esta afirmación de Max?

Para profundizar

1. Lee Romanos 2.17—3.18.

A. ¿De qué clase de superioridad dice Pablo que los judíos se jactaban? (2.17-20)?

B. ¿Qué preguntas les hace Pablo a los judíos (2.21-23)? ¿Qué respuestas da por sentado?

C. ¿Cuál es la relación del versículo 24 con el pasaje anterior? ¿De qué manera es este versículo una conclusión?

D. ¿Qué valor tiene la circuncisión de acuerdo a 2.25-29? ¿Cuáles son las dos clases de personas que se contrastan?

E. ¿Qué ventajas dice Pablo que tiene el judío (3.1-4)?

F. ¿De qué problema principal se trata en 3.5-8? ¿Cómo responderías a las preguntas del apóstol?

G. ¿Qué enseñanza principal se desarrolla en 3.9-18? ¿Cómo lo hace Pablo? ¿Cuál es su conclusión?

2. Lee Hechos 4.10-12.
   A. ¿Cómo se sanó el cojo según el versículo 10?
   B. ¿Cómo describe Pedro a Jesús de acuerdo a los ver-
      sículos 10-11?
   C. ¿Qué afirma Pedro en el versículo 12? ¿En qué forma
      es esto significativo?

6

Llamamiento a los cadáveres

Repaso

1. Por sobre todas nuestras diferencias hay un problema del que todos participamos. Estamos separados de Dios.

   A. ¿Qué quiere decir «separados de Dios»?

   B. ¿Cuáles son algunas evidencias que muestran que una persona está separada de Dios?

   C. ¿Cómo llegamos a separarnos de Dios?

2. Una flor muerta no tiene vida. Un cuerpo muerto no tiene vida. Un alma muerta no tiene vida. El alma se marchita y muere si está separada de Dios. La consecuencia del pecado no es un mal día ni un mal aspecto, sino un alma muerta.

   A. ¿Qué quiere decir Max con «un alma muerta»?

   B. ¿Por qué la consecuencia del pecado es «un alma muerta»?

3. No necesitamos más religión; necesitamos un milagro. No necesitamos a alguien que disfrace a los muertos; necesitamos a alguien que resucite a los muertos.

   A. ¿En qué forma la religión es diferente a un milagro?

   B. ¿Quién necesita que se le resucite de entre los muertos?

4. Somos el cadáver y Él es el que llama a cadáveres. Somos los muertos y Él es el que levanta muertos. Nuestra tarea no es levantarnos, sino admitir que estamos muertos. Los únicos que se quedarán en la tumba son los que no piensan que están allí.

A. ¿Qué quiere decir «admitir que estamos muertos»? ¿Cuáles son las consecuencias si no lo admitimos?

B. ¿Cómo puede alguno no saber que está «en la tumba»? ¿Conoces a alguien que piensa de este modo? Si es así, explica.

Para profundizar

1. Lee Romanos 3.21-26.

A. ¿Cuáles son las dos clases de «justicia» que se contrastan en los versículos 21-22? ¿Qué clase es la que Dios quiere?

B. ¿Qué nos dice el versículo 23 sobre nosotros mismos? ¿En qué forma es esto significativo?

C. ¿En qué forma el versículo 24 resuelve el problema del versículo 23?

D. ¿En qué forma los versículos 25-26 explican cómo Dios puede ser perfectamente justo y a la vez declararnos no culpables?

2. Lee 2 Corintios 5.17-18.

A. ¿Qué quiere decir estar «en Cristo»? ¿Cómo llega uno a estar «en Cristo»?

B. ¿Qué cosa es verdad de alguien que está «en Cristo»? ¿Es esto cierto en ti? Explica.

$$\boxed{7}$$

Donde el amor y la justicia se encuentran

Repaso

1. ¿Qué tal si, Dios no lo quiera, el cielo tuviera limitaciones respecto a su cobertura?

   A. Contesta la pregunta anterior.

   B. ¿Conoces a alguien que cree que el cielo tiene «limitaciones respecto a su cobertura»? Si es así, describe lo que estas personas creen que son estas limitaciones.

2. Una cosa es justificar a los buenos, ¿pero a los malos? Podemos esperar que Dios justifique a los decentes, ¿pero a los asquerosos? Sin duda, se provee cobertura para el conductor con historial limpio, ¿pero al que excede el límite de velocidad? ¿Al que lo multan? ¿Al cliente de alto riesgo? ¿De qué manera puede haber justificación para el malo?

   A. A los ojos de Dios, ¿hay alguien «bueno» (véase Lucas 18.19)? ¿Alguna persona «decente»? ¿Alguien con «historial limpio»? Explica.

   B. ¿Cómo *puede* haber justificación para el malo?

3. Dios da la salvación, Dios la impulsa, Dios la fortalece y Dios la origina. El don no es del hombre a Dios. Es de Dios al hombre.

   A. ¿Por qué es importante recalcar que la salvación empieza y termina en Dios?

   B. ¿Por qué es importante recordar que la salvación es un regalo?

4. ¿Va Dios a transigir con sus normas para que podamos ser perdonados? ¿Va Dios a hacer la vista gorda y considerar que yo jamás he pecado? ¿Querríamos un Dios que altera las reglas y hace excepciones?

  A. ¿Qué habría de malo si Dios transigiera con sus normas para que seamos perdonados?

  B. ¿Quisieras un Dios que alterara sus reglas e hiciera excepciones? Explica.

5. Medita en lo que Dios realizó. No condona nuestro pecado; ni transige con su norma. No pasa por alto nuestra rebelión; ni cede en sus demandas. En lugar de apartar de sí nuestro pecado, lo asume y, asombroso, se autosentencia. La santidad de Dios se honra. Nuestro pecado se castiga. Y somos redimidos.

  A. ¿Cómo Dios «se autosentencia?» ¿Qué quiere decir esto?

  B. ¿En qué forma la cruz hace honor a la santidad de Dios y logra nuestra redención?

Para profundizar

1. Lee Romanos 4.4-8.

  A. ¿Cuáles son las dos cosas que se contrastan en los versículos 4 y 5? ¿En qué se diferencian?

  B. ¿Cómo usa Pablo las palabras de David para respaldar su afirmación en el versículo 5?

  C. ¿Qué quiere decir «confiar en Dios»? ¿Es esto un asunto de una vez por todas o una acción continua? Explica.

2. Lee 2 Corintios 5.19,21.

  A. ¿Qué hizo Dios según el versículo 19? ¿Cómo lo hizo? ¿Cuál fue el resultado?

  B. ¿Qué hizo Dios según el versículo 21? ¿Por qué lo hizo? ¿Cuál fue el resultado?

3. Lee Colosenses 2.13-15.
   A. ¿Cómo se nos describe en el versículo 13? ¿Cómo respondió Dios a esta condición?
   B. ¿Cómo lo hizo Dios según el versículo 14?
   C. ¿De qué manera la cruz muestra el «triunfo» de Dios? ¿Cómo es esto posible?

8

Crédito a quien no se lo merece

Repaso

1. No siempre sé la *ocasión* de mis pecados. Hay momentos cuando peco y ni siquiera lo sé.
   A. ¿Cómo es posible pecar y no percatarse de ello?
   B. Describe alguna ocasión que recuerdes en la que te diste cuenta tarde de que habías pecado.
2. El costo de nuestros pecados es más de lo que podemos pagar. La dádiva de Dios es más de lo que podemos imaginar.
   A. Imagínate que has pecado una sola vez en toda tu vida. ¿Podrías pagar esa deuda? Explica.
   B. ¿De qué manera es la dádiva de Dios más de lo que podemos imaginar?
3. Hay que admitir que la gracia es riesgosa. *Existe* la posibilidad de que la gente la lleve al extremo. O que abuse de la bondad de Dios.
   A. ¿Estás de acuerdo en que «la gracia es riesgosa»? Sí o no, ¿por qué?
   B. ¿De qué maneras has visto que la gracia es un riesgo? ¿Has visto gente que abusa de la bondad de Dios? ¿Lo has hecho tú alguna vez? Explica.

GUÍA DE ESTUDIO 237

4. La gracia promueve un anhelo del bien. La gracia no estimula ningún deseo a pecar. Si hemos recibido en verdad la dádiva de Dios, no nos burlaremos de ella. Es más, si una persona usa la misericordia de Dios como libertad para pecar, uno se pregunta si alguna vez conoció la misericordia de Dios.

   A. ¿Por qué la gracia promueve «un anhelo del bien»? ¿Cómo actúa esto?

   B. ¿Estás de acuerdo con la última afirmación de Max? Sí o no, ¿por qué?

5. La gran mayoría de las personas sencillamente afirman: «Dios puede darle su gracia a usted, pero no a mí. Verá, atravesé las aguas del fracaso. Crucé la línea demasiadas veces. No soy el pecador típico. Soy culpable de _____». Y ponen algo en la línea en blanco.

   A. ¿Has oído a alguien decir algo parecido a lo anterior? Si es así, describe lo que dijeron. ¿Cómo respondiste?

   B. ¿Alguna vez te has sentido como que puedes hacer tal afirmación? ¿Cómo llenarías «el espacio en blanco»? ¿Qué dice la Palabra de Dios al respecto?

Para profundizar

1. Lee Romanos 4.13-24.

   A. Según el versículo 13, ¿cómo recibió Abraham la promesa de Dios? ¿Por qué esto es importante (v. 14)?

   B. ¿Quién puede recibir los beneficios de la promesa (vv. 16-17)?

   C. ¿Por qué Abraham es particularmente un buen ejemplo de un hombre que vivió por fe (vv. 18-22)?

   D. Según los versículos 23-24, ¿qué parte del ejemplo de Abraham nos estimula a seguir? ¿Has seguido este ejemplo? Explica.

2. Lee Gálatas 3.2-14.

    A. Pablo hace al menos cinco preguntas en Gálatas 3.2-5. ¿Cuáles son y qué respuesta espera el apóstol a cada una?

    B. ¿Qué ilustra Abraham en este pasaje (vv. 6-9)? ¿Cómo se compara esto con el texto de Romanos señalado arriba?

    C. De acuerdo a 3.10-12, ¿cuántas personas son justificadas mediante la Ley?

3. ¿Cómo podemos apropiarnos de la promesa dada a Abraham según 3.13-14? ¿Qué beneficio produce esto?

9

Gracia de grandes ligas

Repaso

1. Estos hombres no llegaron a las grandes ligas por su habilidad, sino por suerte. No los seleccionaron por ser buenos, sino porque estaban dispuestos.

   A. ¿Cómo compara Max a los jugadores en huelga con los jugadores que los reemplazaron?

   B. ¿Reconocían los jugadores de reemplazo su buena suerte? ¿Cómo lo sabemos?

2. Si hay algo que nos dicen los primeros cuatro capítulos de Romanos es que disfrutamos una vida que no merecemos. No somos lo bastante buenos como para que nos seleccionen, pero mírennos, ¡todos uniformados y listos para jugar!

   A. ¿De qué manera «disfrutamos una vida que no merecemos»? ¿Cómo se parece esto a los jugadores de reemplazo?

   B. ¿Cómo llegamos a estar «todos uniformados y listos para jugar»? ¿Cómo ocurrió esto? ¿Quién es responsable?

3. Paz con Dios. ¡Qué feliz consecuencia de la fe! No solo paz entre naciones, paz entre vecinos, ni paz en el hogar; la salvación trae paz con Dios.

   A. ¿Cómo describirías la «paz con Dios»? ¿En qué consiste?

   B. ¿Cómo la paz con Dios es mejor que toda otra clase de paz?

4. Cristo nos encuentra fuera del salón del trono, nos lleva de la mano y nos conduce a la presencia de Dios. Al entrar hallamos gracia, no condenación; misericordia, no castigo.

   A. Imagínate que Jesús te conduce al mismo salón del trono de Dios, ¿cómo te sentirías?

   B. ¿En base a qué podemos esperar hallar gracia, no condenación y misericordia, no castigo?

5. Debido a la gracia de Dios pasamos de tener «sepulcro abierto [en la] garganta» (Salmo 5.9), a participar de la gloria de Dios. Eramos unos fracasados y excluidos; ahora se nos llama y se nos hace entrar.

   A. ¿En qué se diferencian las personas cuyas gargantas son «sepulcro abierto» de las que «participan de la gloria de Dios»?

   B. ¿En qué forma «éramos unos fracasados y excluidos»? ¿De qué manera «ahora se nos llama y se nos hace entrar»?

Para profundizar

1. Lee Romanos 5.1-3.

   A. ¿Cómo somos «justificados» según 5.1? ¿Qué quiere decir ser «justificados»? ¿Qué resultado produce esto?

   B. ¿Qué quiere decir «estar» en la «gracia»? ¿Qué resultado produce ese «estar firme»?

   C. ¿Cuáles son las dos cosas que no parecen encajar en 5.3? ¿De qué manera las une Pablo?

2. Lee Isaías 53.4-6.

   A. ¿Qué hizo Jesús por nosotros, según el versículo 4? ¿Qué quiere decir esto?

   B. ¿Qué le ocurrió a Jesús según el versículo 5? ¿Con qué propósito ocurrió esto?

   C. ¿Cómo nos describe el versículo 6? ¿Qué hizo el Señor respecto a esta situación? ¿Te alegras de esto? Explica.

10
El privilegio de los indigentes

Repaso

1. Cristo nos da la bienvenida a su mesa en virtud de su amor y a petición nuestra. No son nuestros sufrimientos lo que nos concede un lugar en el banquete; a decir verdad, cualquier cosa que llevemos se verá ridículamente de poco valor en su mesa. Su única demanda es que admitamos que tenemos hambre.

    A. ¿Por qué nuestros sufrimientos se verán ridículamente de poco valor en la mesa de Dios? ¿Por qué a menudo los llevamos de todas maneras?

    B. ¿Qué quiere decir Max al indicar que debemos admitir nuestra «hambre»? ¿Cómo lo hacemos? ¿Lo has hecho tú? Explica.

2. Dios no miró nuestras vidas arruinadas y dijo: «Moriré por ti cuando lo merezcas».

    A. Si Dios hubiera dicho tal cosa, ¿cómo te afectaría eso ahora mismo?

    B. ¿Hay alguien que haya merecido que Dios muera por él? Explica.

3. ¿No hay alguien que te vea por lo que eres y no por lo que hiciste? Sí. Hay uno. Tu Rey. Cuando Dios se refiere a ti no menciona tu condición, dolor ni problema; Él te permite participar de su gloria. Te llama su hijo.

    A. ¿Te ves alguna vez tentado a valorarte por lo que has hecho en la vida? ¿Qué hay de malo en pensar así?

B. ¿Qué quiere decir participar de la gloria de Dios? ¿Cómo te afecta esto en términos prácticos?

4. ¿Sabes que el mandamiento que más repitieron los labios de Jesús fue: «No temas»? ¿Sabes que la única frase que aparece en cada libro de la Biblia es «No temas», procediendo del cielo?

A. ¿De qué manera es significativo que el mandamiento más común de Jesús fue «no temas»? ¿Qué da por sentado?

B. ¿Por qué Dios nos diría tan a menudo que no temamos? ¿Cuál es la mejor manera de sobreponernos a tal temor?

5. Considera la lista de bendiciones en la mesa de Dios que se menciona en las páginas 123-124.

A. ¿Cuál de estas bendiciones es la más preciada para ti? ¿Por qué?

B. ¿Cuál de estas bendiciones parece ser la más distante para ti? ¿Por qué?

C. ¿Cómo puede el conocimiento de estas bendiciones afectar prácticamente la manera en que vives?

Para profundizar

1. Lee Romanos 5.6-8.

A. ¿Por quién murió Cristo, según el versículo 6? ¿Cuándo murió? ¿Por qué murió?

B. ¿Qué contraste hace Pablo en los versículos 7-8? Al hacerlo, ¿a quién exalta y qué quiere destacar? Explica.

2. Lee Mateo 5.6.

A. ¿Qué grupo de personas describe Jesús en este versículo? ¿Qué promesa les da?

B. ¿Piensas que estás incluido en este grupo? Explica.

3. Lee Salmo 103.8-18.

A. Haz una lista de las características de Dios descritas en este pasaje. ¿Cuán importante es cada una de ellas para ti en lo personal?

B. Haz una lista de las características de los seres humanos descritas en este pasaje. ¿Cómo encaja esta lista en la primera?

| 11 |

La gracia obra

Repaso

1. ¿Cómo podremos nosotros que hemos sido justificados, vivir en injusticia? ¿Cómo podemos nosotros que hemos sido amados, no amar? ¿Cómo podemos nosotros que hemos sido bendecidos, no bendecir? ¿Cómo podemos nosotros a quienes se nos ha dado gracia, no vivir manifestando gracia?

    A. ¿Cómo responderías a las preguntas que Max hace arriba?

    B. En tu vida, ¿cuáles son los mayores obstáculos para vivir justamente, amar, bendecir y manifestar gracia?

2. Tal vez no pequemos *para* que Dios nos dé gracia, ¿pero pecamos alguna vez *sabiendo* que Dios dará gracia? ¿Alguna vez cometemos un pecado a la noche sabiendo que confesaremos a la mañana siguiente?

    A. ¿Cómo responderías a esta pregunta que Max hace?

    B. ¿Qué hay de malo en pecar esta noche si sabemos que lo confesaremos mañana?

3. Cristo ha ocupado tu lugar. No hay necesidad que sigas en la celda.

    A. ¿A qué «celda» se refiere Max?

    B. ¿En qué clase de «celdas» es más probable que te metas? Explica.

4. El bautismo es un voto sagrado del creyente para seguir a Cristo. Así como una boda celebra la fusión de dos corazones, el bautismo celebra la unión del pecador con el Salvador.

   A. ¿Qué paralelos ves entre el bautismo y el matrimonio? ¿Qué diferencias hay?

   B. ¿De qué manera el bautismo celebra la unión de un pecador con el Salvador? ¿Qué clase de unión es esta?

5. Antes de Cristo nuestras vidas estaban fuera de control, eran cochinas y dadas a la indulgencia. No sabíamos que éramos cochinos hasta que lo conocimos a Él. Entonces Él entró. Las cosas empezaron a cambiar. Lo que tirábamos por todos lados empezamos a ponerlo en su lugar. Lo que descuidábamos, empezamos a limpiarlo. Lo que estaba en desorden se puso en orden.

   A. ¿Sabías que eras un «cochino» antes de conocer a Cristo? Explica.

   B. ¿Cómo han cambiado las cosas en tu vida desde que Cristo entró? ¿Podría un extraño notar los cambios? Explica.

Para profundizar

1. Lee Romanos 6.1-12.

   A. ¿Qué problema trata Pablo en 6.1? ¿Existe todavía hoy este problema? Explica.

   B. ¿Cómo responde Pablo a su pregunta (vv. 2-4)?

   C. ¿Qué verdad señala Pablo en los versículos 5-7? ¿Es esta verdad útil en un sentido práctico? Sí o no, ¿por qué?

   D. ¿Qué promesa se da en el versículo 8? ¿Cómo se relaciona esto con el versículo 11? ¿Qué amonestación práctica da Pablo en el versículo 12?

2. Lee Tito 2.11-12 (cf. 1.16).

      A. ¿Qué les ocurrió «a todos los hombres»? ¿Qué hizo esto (2.11)?

      B. ¿Qué nos enseña la gracia que hagamos (2.12)? ¿Cómo lo hace?

      C. ¿De qué manera es Tito 1.16 el otro lado de la moneda de 2.12?

  3. Lee Hechos 26.20.

      A. ¿Cómo refuerza este versículo el mensaje de Tito 1.16?

      B. ¿Cómo refuerza este versículo el mensaje de Tito 2.12?

12

Entrega voluntaria

Repaso

1. Desde el principio Dios ha exigido sinceridad. Nunca ha exigido perfección, pero sí espera veracidad.
   A. Si Dios ya lo sabe todo, ¿por qué nos exige sinceridad?
   B. Si Dios ya lo sabe todo, ¿por qué somos tontos al no ser francos del todo con Él?

2. La confesión hace por el alma lo que la preparación del terreno por el campo. Antes de sembrar la semilla el agricultor prepara la tierra, quita las piedras y saca los restos. Sabe que la semilla crece mejor si se prepara la tierra. La confesión es el acto de invitar a Dios a recorrer el terreno de nuestros corazones.
   A. ¿En qué se parece la confesión a un agricultor preparando su terreno para la siembra?
   B. ¿Es la confesión una práctica regular tuya? Sí o no, ¿por qué?

3. La confesión busca el perdón de Dios, no su amnistía. El perdón presume culpa; la amnistía, derivada de la misma raíz griega de donde procede *amnesia*, «olvida» la aparente ofensa sin imputar culpa. La confesión admite el error y busca perdón; la amnistía niega el mal y declara inocencia.
   A. ¿Por qué debemos buscar perdón y no amnistía? Con tus palabras, ¿cuál es la diferencia?
   B. ¿Cómo podemos admitir el mal y la culpa sin empezar a jactarnos?

4. Los que pretenden que Dios no sepa sus secretos, se mantienen a distancia de Él. Los que son francos con Dios, se acercan a Él.

   A. ¿Es realmente posible evitar que Dios sepa los secretos? Explica.

   B. ¿Por qué la sinceridad acerca a una persona a Dios?

5. ¿Puedo hacerte una pregunta directa? ¿Guardas algún secreto que no quiere que Dios sepa? ¿Hay alguna parte de tu vida fuera de límites? ¿Alguna bodega sellada o ático con llave? ¿Alguna parte de tu pasado o presente que esperas que Dios nunca lo traiga a colación?

   A. ¿Cómo responderías a estas preguntas que Max hace?

   B. ¿De qué aspectos de tu vida te es más difícil hablar con Dios? ¿Por qué?

Para profundizar

1. Lee Romanos 6.18-23.

   A. ¿De qué se han libertado los creyentes (v. 18)? ¿De qué se han hechos siervos?

   B. ¿Qué alternativa se presenta en el versículo 19? ¿Qué decisión has tomado al respecto?

   C. ¿Qué pregunta hace Pablo en el versículo 21? ¿Cómo responderías?

   D. ¿Qué contraste se hace entre los versículos 21 y 22?

   E. ¿Qué contrastes se hacen en el versículo 23? ¿Por qué es esto crucial?

2. Lee Santiago 4.7-10.

   A. ¿Qué mandamientos se dan en este pasaje?

   B. ¿Qué promesas se hacen en este pasaje?

   C. Con tus palabras, ¿cuál es el punto principal de este pasaje?

3. Lee Santiago 5.16.

A. ¿Qué nos instruye cumplir este versículo? ¿Con cuánta frecuencia lo cumplimos? Explica.

B. ¿Qué promesa se da aquí para los que hacen lo que se les instruye hacer?

13

Gracia suficiente

Repaso

1. Hay ocasiones cuando lo único que quieres es lo que nunca pudiste tener.

   A. ¿Qué cosa quieres que nunca has recibido? ¿Cómo reaccionas a esto?

2. Cuando Dios te dice que no, ¿cómo respondes? Si Dios dice: «Te he dado mi gracia y eso es suficiente», ¿te quedarías contento?

   A. ¿Por qué piensas que Dios algunas veces nos dice que no?

   B. ¿Hay algunas cosas específicas que puedes hacer para estar contento con la gracia de Dios cuando Él te niega alguna petición? Si es así, ¿cuáles son?

3. ¿No encuentras alentador que incluso Pablo tuviera un aguijón en su carne? Nos consuela saber que uno de los escritores de la Biblia no siempre estaba en la misma página que Dios.

   A. ¿Hallas alentador saber que incluso Pablo tuvo un aguijón en la carne? Explica.

   B. ¿Por qué es útil recordar que los escritores de la Biblia fueron personas reales con problemas reales?

4. ¿Te preguntas por qué Dios no elimina la tentación de tu vida? Si lo hiciera es probable que te apoyaras en tu fuerza en lugar de hacerlo en su gracia.

   A. ¿Qué clase de tentaciones son para ti las más difíciles? ¿Cómo las enfrentas?

B. ¿En qué aspectos te sientes tentado a confiar en tu fuerza en lugar de hacerlo en la gracia de Dios? Cuando lo haces, ¿cuál es por lo general el resultado?

5. Por todo lo que no sabemos sobre los aguijones, podemos estar seguros de esto. Dios prefiere que tengamos una cojera ocasional antes que un pavoneo perpetuo.

A. ¿Qué «aguijones» te impiden pavonearte?

B. ¿Por qué es mejor tener «una cojera ocasional antes que un pavoneo perpetuo»?

Para profundizar

1. Lee 2 Corintios 12.7-9.

A. ¿Por qué le fue dado a Pablo un «aguijón» (v. 7)? ¿Quién se lo dio? ¿Cuál era la tarea del «aguijón»?

B. ¿Cuál fue la respuesta de Pablo al aguijón (v. 8)?

C. ¿Cuál fue la respuesta de Dios a la petición de Pablo (v. 9)? ¿Cómo reaccionó Pablo a la respuesta que Dios le dio? ¿Piensas que hubieras reaccionado así? Explica.

2. Lee Filipenses 4.6-7.

A. ¿Cuál debería ser nuestra actitud respecto a la ansiedad, según el versículo 6? ¿Cómo debemos responder a ella? ¿Es esta por lo general tu actitud? Explica.

B. ¿Cuál es el resultado de acatar la instrucción que da el apóstol en el versículo 6 (v. 7)? ¿Has experimentado este resultado? Explica.

14

La guerra civil del alma

Repaso

1. Piensas que no tengo ganas de usar el callejón, ¡pero las tengo! Parte de mí todavía quiere usar el atajo. Parte de mí quiere quebrantar la ley.

   A. ¿Te has sentido alguna vez de la misma manera que Max en cuanto al callejón? Si es así, explícalo.

   B. ¿Por qué, en tu opinión, nuestro conflicto a menudo se intensifica cuando oímos que no es permitido un curso deseable de acción?

2. Los que se asombraron con la gracia se sorprendieron también con el pecado. ¿Por qué le digo que sí a Dios un día y sí a Satanás al siguiente?

   A. ¿Qué te asombra de la gracia? ¿Qué te asombra de tu pecado?

   B. ¿Cómo responderías a la pregunta que Max hace?

3. ¿Tienes debilidades que te aguijonean? ¿Palabras? ¿Pensamientos? ¿Mal genio? ¿Codicia? ¿Rencor? ¿Chisme? Las cosas eran mejores antes de que supieras que la ley existía. Pero ahora la conoces. Ahora tienes una guerra que librar.

   A. ¿Cómo responderías a las preguntas que Max hace?

   B. ¿Qué guerra interna tienes que librar con mayor frecuencia? Descríbela.

4. Tu tentación no es noticia de última hora en el cielo. Tu pecado no sorprende a Dios. Él lo vio venir. ¿Hay alguna razón para pensar que quien te recibió la primera vez no te recibirá cada vez?

A. ¿Hallas irónico que tu pecado sea una sorpresa para ti pero no para Dios? Explícalo.

B. ¿Cómo responderías a la pregunta que Max hace?

5. Los que consideramos atajos, Dios los ve como desastres. Él no dicta las leyes para nuestro placer. Las da para nuestra protección. En ocasiones de conflicto debemos confiar en su sabiduría, no en la nuestra.

A. ¿De qué maneras las leyes de Dios son para nuestra protección? ¿Existe por alguna otra razón? Explícalo.

B. ¿Cómo podemos aprender prácticamente a confiar en la sabiduría de Dios? ¿Cómo puedes practicar este hábito? ¿Qué cosa te tienta a alejarte de eso?

6. Nunca hay un punto en el cual seas menos salvo que en el primer momento en que Él te salvó. Sencillamente porque gruñiste durante el desayuno no quiere decir que quedaste condenado durante el desayuno. Cuando perdiste los estribos ayer no perdiste la salvación. Tu nombre no desaparece y vuelve a aparecer en el libro de la vida dependiendo de tu humor ni tus acciones. Tal es el mensaje de la gracia.

A. ¿Qué piensas respecto a la afirmación que Max hace? ¿Estás de acuerdo con él? Sí o no, ¿por qué?

B. Si te *pudieran* condenar porque estabas gruñón durante el desayuno, ¿qué le haría esto a la gracia? ¿Qué significaría «gracia» en un mundo como ese?

Para profundizar

1. Lee Romanos 7.7-25.

A. ¿Es la ley buena o mala (vv 7-12)? Sin embargo, ¿qué efecto tiene la ley sobre nosotros?

B. ¿Qué nos «mata» (v. 13)?

C. ¿Qué conflicto describe Pablo en los versículos 14-19? ¿Ves un conflicto similar en ti? Si es así, descríbelo.

254   EN MANOS DE LA GRACIA

D. ¿A qué conclusión llega Pablo en el versículo 20? ¿Cuál es el significado de esta conclusión?

E. ¿Cuál es el principio general que desarrolla Pablo en los versículos 21-23? ¿Obra este principio en ti? Explica.

F. ¿Cómo responde Pablo en el versículo 24 a este principio general? ¿Puedes identificarte con esta reacción? Explica.

G. Describe la reacción final de Pablo en el versículo 25. ¿Cuál es la razón para este estallido de gozo?

2. Lee Romanos 8.1.

A. ¿Qué cambio produce en nosotros la verdad de este versículo? Explica.

B. ¿Qué quiere decir estar en Cristo Jesús?

15

El peso del odio

Repaso

1. Nadie, repito, *nadie* atraviesa la vida libre de heridas. Alguien en alguna parte te lastima ... Parte de ti murió debido a que alguien habló demasiado, exigió demasiado o descuidó demasiado.

   A. ¿Cuáles han sido las más grandes «heridas» que has recibido en la vida? ¿Cómo respondiste?

   B. ¿Cuáles son las más grandes heridas que le has causado a alguien? ¿Cómo respondió esa persona?

2. Todo el mundo sufre heridas; por consiguiente, todo el mundo debe decidir: ¿cuántos pagos voy a pedir? Tal vez no exijamos que el ofensor gire cheques, pero tenemos otras maneras de resolver cuentas.

   A. ¿Cuáles son algunas de las maneras que has visto que la gente usa para desquitarse?

   B. ¿Cuáles son algunas maneras que has usado tratando de desquitarte? ¿Qué resultado han tenido?

3. Llevar cuentas de la misericordia es lo mismo que no ser misericordioso. Si estás midiendo la gracia, no estás ejerciendo gracia. Jamás debe haber un punto donde la gracia se agote.

   A. ¿Por qué es una contradicción llevar cuentas de la misericordia o calibrar la gracia?

   B. ¿Qué clases de situaciones con mayor probabilidad agotarían tu gracia? ¿Cómo lidias con estas situaciones?

4. Muy rara vez es fácil creer que estamos total y eternamente libres de deuda. Aun si estuviéramos ante el trono y lo oyéramos del mismo Rey, todavía dudaríamos. Como resultado, a muchos se les perdona poco, no porque la gracia del Rey sea limitada, sino porque la fe del pecador es pequeña.

   A. ¿Por qué no es fácil creer que estamos «total y eternamente libres de deuda»?

   B. ¿Te han perdonado mucho o poco? Explica.

5. Cuanto más caminemos en el jardín, más se nos pegará el aroma de las flores. Cuanto más nos sumerjamos en la gracia, más daremos gracia.

   A. ¿Quién es la persona con mayor gracia que conoces? Descríbela. ¿Qué hace que esta persona muestre tanta gracia?

   B. ¿Cómo podemos sumergirnos en la gracia? ¿Qué quiere decir esto?

6. La clave para perdonar a otros es dejar de mirar lo que te hicieron y empezar a mirar lo que Dios hizo por ti.

   A. ¿Qué puedes hacer para que te sea más fácil dejar de mirar lo que alguien te hizo?

   B. Dedica algunos momentos para hacer una lista de las buenas cosas que Dios hizo por ti esta misma semana. ¿Cuántas cosas hay en la lista?

Para profundizar

1. Lee Romanos 8.5-17.

   A. ¿Cuáles son las dos clases de personas que describen los versículos 5-8? ¿Cuál es la que mejor te describe a ti? Explica.

   B. ¿Cómo define Pablo a un cristiano, según el versículo 9?

   C. ¿Qué conclusión saca Pablo en los versículos 10-11?

D. En base a la conclusión que Pablo da en los versículos 10-1, ¿qué clase de estilo de vida dice Pablo que debemos llevar según los versículos 12-16?

E. ¿Qué clase de futuro presenta Pablo en el versículo 17 para los creyentes? ¿Debería esto hacer diferente la manera en que vivimos hoy? Explica.

2. Lee Mateo 18.21-24.

A. ¿Cómo responde la parábola relatada en los versículos 23-24 a la pregunta que Pedro hace en el versículo 21?

B. ¿Alguna vez has dejado de extenderle gracia a otra persona, alguien que te debe menos de lo que le debes a Jesús?

3. Lee Hebreos 12.15.

A. ¿Cómo es posible que «dejemos de alcanzar» la gracia de Dios, de acuerdo a este versículo?

B. ¿Qué poder tiene la amargura, según este versículo? ¿Por qué debemos evitarla? ¿Estás evitándola? Explica.

$$\boxed{16}$$

Vida en la nave del compañerismo

Repaso

1. Dios nos ha enrolado en su armada y nos ha colocado en su embarcación. El barco tiene un propósito: llevarnos con seguridad a la otra orilla.

   A. ¿Estás en la armada de Dios? ¿Estás a bordo? ¿Cómo lo sabes?

   B. ¿En qué parte de la nave estás?

2. No se nos ha llamado a una vida de placer; sino a una vida de servicio. Todos tenemos una tarea diferente.

   A. ¿A qué tarea específica te ha llamado Dios?

   B. ¿Cómo le sirves en la «nave»?

3. A Dios le importa la unidad. El Padre no quiere que sus hijos se peleen. La desunión le perturba.

   A. Al mirar sinceramente a tu vida, ¿dirías que más a menudo has ayudado a mantener la unidad o a crear desunión?

   B. Da un ejemplo de lo que quieres decir.

4. En ninguna parte, dicho sea de paso, se nos dice que debemos *fabricar* la unidad. Se nos dice sencillamente que la *guardemos* o la conservemos.

   A. ¿Cuál es la diferencia entre «fabricar» la unidad y «guardarla»?

   B. ¿En qué forma es significativa esta diferencia?

5. La unidad no empieza al examinar a otros, sino al auto-examinarnos. La unidad comienza, no al exigir que otros cambien, sino al admitir que no somos tan perfectos.

A. ¿A qué clase de autoexamen piensas que Max se refiere aquí?

B. Reflexiona sobre ejemplos personales y resultados de autoexaminarnos así.

6. ¿La respuesta a las discusiones? Aceptación. ¿El primer paso a la unidad? Aceptación. No acuerdo, aceptación. No unanimidad, aceptación.

A. ¿Cuál es la diferencia entre aceptación y acuerdo?

B. ¿Cuál es la diferencia entre aceptación y unanimidad?

7. Solo porque un grupo distribuya juguetes en Navidad no quiere decir que sean cristianos. Solo porque dan de comer al hambriento no quiere decir que son los escogidos de Dios. Jesús no hizo un llamado a la tolerancia ciega.

A. ¿Por qué el discernimiento es una parte importante de la unidad?

B. ¿Cuál es la diferencia entre aceptación y tolerancia ciega?

8. Primero, observa el fruto. ¿Es bueno? ¿Es saludable? ¿Está la persona ayudando o dañando a la gente? La producción es más importante que el linaje. El fruto es más importante que el nombre del huerto.

A. ¿A qué se refiere Max por «fruto»?

B. ¿Qué clase de «fruto» estás produciendo? ¿Estarían otros de acuerdo? Explica.

9. Pero también observa la fe. ¿En nombre de quién se hace la obra? Jesús aceptó la obra de este hombre porque se hacía en el nombre de Cristo.

A. ¿Deberíamos juzgar la fe de alguien? Si es así, ¿qué quiere decir esto y cómo se puede hacer?

B. Solo porque alguien use el nombre de Jesús, ¿quiere decir eso que cree en el Jesús de la Biblia?

10. Donde hay fe, arrepentimiento y un nuevo nacimiento, hay un cristiano. Cuando hallo a alguien cuya fe está en la cruz y cuyos ojos están en el Salvador, descubro a un hermano.

    A. La anterior afirmación de Max, ¿te complace o te incomoda?

B. Explica tu respuesta.

Para profundizar

1. Lee Romanos 14.1-3.

    A. ¿Cuál es el tema principal de este pasaje? Señala evidencia que respalda lo que crees.

    B. ¿Cuáles son los ejemplos que da Pablo para ilustrar su punto principal? Haz una lista.

    C. Considera las preguntas que Pablo hace en los versículos 4 y 10. ¿Cómo se relacionan estas preguntas con el punto principal de Pablo?

    D. ¿De qué manera los versículos 11-12 reafirman la instrucción de Pablo?

    E. ¿A qué conclusión llega Pablo en el versículo 13? En tu opinión, ¿por qué el apóstol dedicó tanto tiempo a este tema?

2. Lee Efesios 4.3-7.

    A. ¿Qué mandamiento se da en el versículo 3? ¿Cómo se debe lograr esto?

    B. ¿Qué razón se da en los versículos 4-6 para este mandamiento?

    C. ¿Qué poder se explica en el versículo 7 para cumplir este mandamiento? ¿Cómo explica el versículo 7 el poder para cumplir este mandamiento?

!7

Lo que en realidad queremos saber

Repaso

1. No hay manera en que nuestras diminutas mentes comprendan el amor de Dios. Pero esto no le impidió que viniera.
   A. ¿Comprendes hoy el amor de Dios mejor que hace cinco años? Explica.
   B. ¿Por qué es buena noticia que el amor de Dios va más allá de nuestra comprensión completa?

2. Dios está contigo. Sabiendo eso, ¿quién contra ti? ¿Puede la muerte dañarte ahora? ¿Puede la enfermedad robarte la vida? ¿Se te puede quitar tu propósito o restar valor? No. Aun cuando el mismo infierno se levantara en contra tuya, nadie puede derrotarte. Estás protegido. Dios está contigo.
   A. ¿Cuándo es más probable que temas que Dios *no* está contigo? ¿Cómo respondes a tales circunstancias?
   B. Contesta las preguntas que Max hace. ¿Por qué diste estas respuestas?

3. ¿Te salvó Dios para que te afanes? ¿Te enseñaría a caminar solo para ver cómo te caes? ¿Se dejaría clavar en la cruz por tus pecados y después despreciaría tus oraciones?
   A. Contesta las preguntas que Max hace.
   B. ¿Con qué propósito se hacen estas preguntas?

4. Satanás no puede acusarte. ¡Nadie puede acusarte! Los dedos pueden señalar y las voces demandar, pero las acusaciones rebotan como flechas en un escudo. No más platos en agua sucia. No más penitencia. No más hermanas que molestan. Has comparecido ante el juez y oído que te declara: «Inocente».
   A. ¿Por qué Satanás no puede hacer en tu contra acusaciones que sirvan?
   B. ¿Cómo puede el juez declararnos «inocentes»?
5. «¿Te preguntas cuánto durará mi amor? Busca la respuesta en una tosca cruz, en una áspera colina. Ese soy Yo para que contemples allí a tu Hacedor, tu Dios, clavado y sangrando. Cubierto de escupitajos y sudor. Es tu pecado lo que estoy sintiendo. Es tu muerte la que estoy muriendo. Es tu resurrección la que estoy viviendo. Así es como te amo».
   A. ¿Por qué la cruz es la suprema respuesta de Dios a cuánto nos ama?
   B. ¿De qué forma la cruz garantiza que Dios siempre se interesará por nuestro bienestar, cualesquiera que sean las adversidades que podamos enfrentar?

Para profundizar

1. Lee Romanos 8.31-39.
   A. ¿Qué pregunta Pablo en el versículo 31? ¿Qué intenta sugerir al hacer tal pregunta?
   B. Explica la lógica del apóstol detrás de su afirmación en el versículo 32. ¿Por qué es esta declaración tan crucial para la vida diaria?
   C. ¿De qué manera se relacionan las preguntas de los versículos 33-35? ¿Cuál es su función?
   D. ¿Cómo puede ser en realidad de estímulo la cita que se halla en el versículo 36?

E. ¿Cuál es la relación entre el versículo 37 y el versículo 36? ¿Qué quiere decir el apóstol?

F. ¿Deja Pablo algo afuera de los versículos 38-39? ¿Qué se proponía que entendamos? ¿Cómo quiere que estas verdades nos animen?

2. Lee Isaías 49.15-16.

A. ¿Qué pregunta se hace en el versículo 15? ¿Qué respuesta se espera? ¿Qué comparación se pretende con la afirmación subsiguiente?

B. ¿Qué metáfora usa Dios en el versículo 16? ¿Cuál es el énfasis? ¿Qué quiere Él que creamos? ¿Por qué?

3. Lee Isaías 50.7-10.

A. ¿Qué actitud adopta el escritor en el versículo 10? ¿Por qué?

B. ¿En qué forma los versículos 8-9 anuncian las palabras de Pablo en Romanos 8.31-39?

C. ¿A quién se dirige el versículo 10? ¿Qué instrucción se da? ¿Sigues esta instrucción? Explica.

Conclusión
«No se olvide de cuidarme»

Repaso

1. Sin avergonzarse de sus necesidades no dejaba que ninguna azafata pasara sin decirle: «No se olvide de cuidarme»... Francamente, no creo recordar ni una sola ocasión en que Billy Jack no le mencionara a la tripulación que necesitaba atención. El resto de nosotros nunca lo hizo. Nunca pedimos ayuda. Éramos gente mayor. De experiencia. Sabíamos valernos.

    A. ¿Cómo puede Billy Jack ser un buen ejemplo para nosotros?

    B. ¿Por qué el resto de las personas en ese vuelo no pidió atención adicional de la tripulación? ¿Cómo es esto similar a los que se niegan a acudir a Dios pidiendo ayuda?

2. A medio camino de escribir este libro, me acordé de Billy Jack. Hubiera entendido la idea de la gracia. Sabía lo que era ponerse totalmente al cuidado de otra persona.

    A. ¿Por qué Max piensa que Billy Jack hubiera comprendido la idea de la gracia?

    B. En tu opinión, ¿cómo hubiera definido Billy Jack la gracia?

3. Se me ocurrió que Billy Jack era la persona más segura en ese vuelo. Si el avión hubiese tenido problemas, él hubiera recibido la mejor ayuda. Las azafatas me hubieran echado a un lado y lo hubieran atendido directamente a él. ¿Por qué? Porque se había puesto al cuidado de alguien más fuerte.

   A. ¿Por qué Billy Jack hubiera sido la persona más segura en ese vuelo?

   B. ¿Te has puesto al cuidado de alguien más fuerte? Explica.

4. Una cosa es segura: No puedes salvarte a ti mismo. El río es demasiado caudaloso; la distancia demasiado grande. Dios ha enviado a su Primogénito para que te lleve a tu hogar. ¿Estás firme en las manos de su gracia?

   A. ¿Por qué no podemos salvarnos nosotros mismos?

   B. Contesta la pregunta que Max hace: ¿Estás firme en las manos de la gracia de Dios? ¿Cómo lo sabes?

Para profundizar

1. Lee Romanos 10.1-13.

   A. ¿Qué error dice Pablo que cometieron sus compatriotas en los versículos 1-3

   B. ¿De qué manera es el versículo 4 la respuesta a este error?

   C. ¿Cuáles son los dos métodos de justificación que se contrastan en los versículos 5-8? ¿Cómo actúa cada uno? ¿Has optado por alguno de ellos? Si es así, ¿por cuál y por qué?

   D. De acuerdo a los versículos 9-10, ¿cómo se salva uno? ¿Lo has hecho tú? Explica.

   F. ¿Cuál es la declaración que en resumen se hace en los versículos 12-13? ¿De qué manera resume esto el mensaje de *En manos de la gracia*? ¿Cómo?

2. Lee Romanos 11.33-36.
   A. ¿Qué ocasionó estos versículos de luminosa alabanza?
      ¿Qué entusiasmó tanto a Pablo?
   B. ¿Te emociona a ti también? Explica.

MAX LUCADO

YA LO CONOCES. SUS PALABRAS TE HAN INSPIRADO.
EL RESTO DE SUS LIBROS TE IMPACTARÁ.

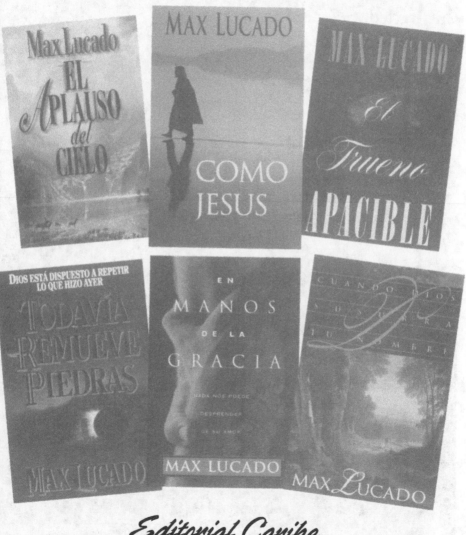

Promesas
Inspiradoras
de Dios

¿Qué resulta cuando se combinan los escritos populares de Max Lucado con versículos bíblicos organizados por temas? Resulta en Promesas Inspiradores de Dios. Lleno de alentadoras promesas en cuanto a valorar a otros, dominar la ira, enfrentar el dolor, alabar a Dios y más, este es un libro al que recurrirás siempre en tiempo de necesidad.

0881137464

Por **Max Lucado**

Max Lucado es un genio de la literatura. Con más de veinticinco millones de libros en circulación, ha tocado a millones de personas con su prosa poética. Lucado es el primer autor en ganar tres años seguidos el Medallón de Oro Charles «Kip» Jordon al Libro Cristiano del Año. Cuando no está escribiendo, Max es el predicador de la Oak Hills Church de San Antonio, Texas.

CARIBE BETANIA EDITORES

www.caribebetania.com